JN023747

# MARIE-ANTOINETTE
DANS LES PAS DE LA REINE

# 12の場所からたどる マリー・アントワネット

下

ジャン＝クリスティアン・プティフィス 編
Jean-Christian Petitfils
土居佳代子 訳
Kayoko Doi

原書房

**7 王妃の宮殿**

マリー・アントワネットは静養のため、ランブイエ、サン＝クルー、フォンテーヌブロー（上の絵）など、他の王宮を訪れるのを好んだ。これらの城は、宮廷のきびしい要請から逃れる機会を提供してくれることが多かった。

「遠近法によって描かれたフォンテーヌブロー王宮」フォンテーヌブロー宮殿所蔵

***8*** ヴァレンヌのベルリン型馬車

1791年6月21日、王一家を悲劇的運命へと方向転換させた短い逃避行が始まる。

作者不明、「王一家のパリ帰還」

***9*** **テュイルリー宮の王一家**

王妃と王太子は厳重な監視のもと、
テュイルリーの庭を散歩した。1792年4月10日、
マリー・アントワネットの片方の靴が、
サン・キュロットの手から救い出されて回収された。
（上）クロード=ルイ・デレ
「テュイルリーの庭を散歩する王太子」パリ、ルーヴル美術館

（右）マリー・アントワネットの靴
パリ、カルナヴァレ歴史美術館　

***10*** タンプル塔

1973年1月20日、ルイ16世は家族に
別れを告げる。
シャルル・ベナゼック
「1973年1月20日タンプル塔における、
ルイ16世の家族との別れ」
ヴェルサイユ宮殿美術館

***11*** **最後の牢獄コンシエルジュリ**

裁判所の陰気な牢獄では、すべてが
奪われた。マリー・アントワネットは、
処刑台までの最後の日々を
このギロチンの控えの間で過ごした。

（上）コンシエルジュリから出る
マリー・アントワネット
パリ、カルナヴァレ歴史美術館
©Paris Musées/Musée Carnavalet

（右）王妃が処刑の朝牢獄で、祈祷書に遺した言葉　©akg-images

ce 16 8bre a 4 h ½ du matin
mon dieu ! ayez pitié de moi !
mes yeux n'ont plus de larmes
pour pleurer pour vous mes pauvres
enfants; adieu, adieu !
Marie Antoinette

***12*** **記憶の場所**

マリー・アントワネットは、のちに
サン＝ドニ大聖堂に最終的な安らぎを見出すまで、
ひっそりと旧マドレーヌ墓地に埋められていた。
墓地跡には贖罪の聖堂が建てられ、
今日では静かな祈りの場所となっている。
サン＝ドニ大聖堂の「マリー・アントワネット像」（写真はプティトー）

12の場所からたどる
マリー・アントワネット◆目次＊下

# 12の場所からたどるマリー・アントワネット・上◆目次

# 第7章 フォンテーヌブロー——逗留のための離宮

パトリック・ダグネ

逗留のための離宮は、王と王の家族と宮廷にとって、なによりもまず、くつろぎと狩りの場所である。だが、君主がそこにいることによって、王国の臣民だけでなくヨーロッパの各宮廷の代表者たちにとっても、政権と代表行為の場所である。一八世紀、フォンテーヌブローへの「移動」は真のならわしとなり、政体が健康である証拠となった。王の領地に属する、フランソワ一世もアンリ四世も暮らしたこの城は、ルネサンス期からフランス国王の離宮だった。定期的な秋の滞在は、ルイ一四世の時代の、一六八〇年代初頭に始まって一世紀続けられた。その際は、王と宮廷が四週間から六週間滞在する。マリー・アントワネットは一七七〇年から一七八六年にした一一回の移動で、宮殿に一四カ月滞在している。少女時代の心地よい滞在に、一七七五年～一七七七年の「浪費」の時期が続くが、これは多くの人々にとって否定しがたく、歴史が王妃に対して記憶にとどめている信用の失墜の中に数えられる。それから一七八〇年代の心和む家族での旅行である。そこを訪れる者は、フォンテーヌブローに残るマリー・アントワネットの存在を、二部屋の優雅なブードワールに見るが、他にも彼女と城の隠れた美しい愛の物語を発見することができる。エリザベート・ヴィジェ＝ルブランが回想記の中で、そのことについて情熱をこめて語り、フォンテーヌブローへの最後の逗留の際のマリー・アントワネットを描いている。彼女には王妃が「ニンフたちに囲まれた女神のよう」に見えた。

## 最初の頃の甘美な瞬間

マリー・アントワネットが初めてフォンテーヌブローに出会ったのは、一七七〇年だ。一四歳半、やがて一五歳になろうとしていた頃で、最初は王太子、ルイ一五世そして宮廷と一緒にそこを訪れた。一七七〇年から一七七三年までの間、彼女はそこに四度、約六週間、一〇月初めから一一月なかばまで滞在した。

最初からこの場所になじんだ。随員たちの全部は引きつれずに、王太子妃は庭園内と宮殿の周辺を徒歩で三時間近く散策する。それを利用して、詳細に宮殿の建築史の説明を求めた。この宮殿はヴェルサイユのように規則正しい建築様式を示していなかったが、おもに一六世紀と一七世紀初めの建築物に囲まれて、東から西へ中庭と庭園がつらなっている。長い間宮殿の中心だった楕円形の中庭は、フランソワ一世の回廊で前庭に連絡している。堀は宗教戦争時代の危険を思わせた。

古い城館が威厳をもってフランスの長い歴史を証言している。マリー・アントワネットのアパルトマンは、一七六八年に他界した王妃マリー・レクザンスカが使っていたままのもので、いささか古ぼけていた。寝室にある赤色の素晴らしいブロケード［金糸・銀糸で浮き模様をつけた豪華な絹織物］だけが、少し親しみが感じられる。そのほかの調度にはほとんど魅力的なところがなく、ベッドなどは数十年前にヴェルサイユからもってこられたものだった！

滞在をかさねるにつれて、王太子妃は城を自分のものとしていった。毎日の礼拝は非常に美しい三位一体（トリニテ）礼拝堂で行なったが、そこにはオルガンが鳴り、王の音楽が響いた。やや権威的なルイ一五世の娘たち（マダム）三人の部屋は、王太后の翼棟、それからシャルル九世の翼棟の一階、王のアパルトマンの下にあり、彼女はよくそこでゲームをしたが、退屈だった。マリー・アントワネットが楽しんだのは舞踏会で、まだ少し子どもっぽかった彼女を喜ばせるため、毎年催された。場所は、劇場の大ホール、その機会に合わせて改造したベル・シュミネのホール、あるいは「格式ばらない」彼女自身のアパルトマン、あるいはまた義妹プロヴァンス伯妃のいる王太后のアパルトマンだった。

ルイ一五世は王太子妃に対して好意的で、思いやりがあった。彼女の若さ、彼女の気質、彼女の快活さにひかれていたのだ。皇后マリア＝テレジアは娘に、王には全幅の信頼をおくようにと言った。六〇歳の老いた君主と少女の間に、親子のような関係が結ばれた。朝、ルイ一五世が部屋着のまま、「隠居」の小部屋、かつて皇帝たちの書斎とよばれ「古代の皇帝たちの肖像画があった」、その後王妃のブードワールとなった部屋を通って「王の寝室と王妃の寝室の間にあるルイ一五世妃の私室」、彼女の寝室へコーヒーを飲みにくることもあった。王は手ずからコーヒーをいれ、時には二時間もそこにいた。この王太子妃との気どりのない時間が王を楽しませ、満足させたとすれば、王太子妃のほうも、この特別で心休まる時間を好んでいたことは明らかだった。

若い日々、マリー・アントワネットはこの地の美しさと森の静かなたたずまいに深く影響された。今日ほど樹木が多くなく、ヒースの荒地と「むき出しの岩」、樹齢何百年もの不規則な形のナラの大木のある手つかずの自然だ。足の向くにまかせて、フォンテーヌブローの見事な秋の暖かい金色に見とれたり、森の湿った匂いを発見したりできた。午後、馬車で丘に登りそこから狩りの一行が通るのを見たり、眺望を楽しんだりすることもあった。フォンテーヌブローは時間的にも空間的にも「どこか他の場所」のようで、彼女はヴェルサイユにいる時よりもっと自由だと感じた。

マリー・アントワネットは乗馬を好んだ。しかしこのことにかんしては始まりが良くなかった。というのも母が、若い娘は馬ではなくロバに乗るべきだと主張したからだ。それでも一七七〇年一一月、ルイ一五世に気に入られるすべを知っていた王太子妃は、見事に王をその気にさせて必要な許可をとりつけ、森の中を馬で散策することができるようになった。

一七七三年一〇月一六日に起こったある事故が、王太子妃の自然な思いやりの心を世に知らしめることになる。彼女がカレーシュ［折りたたみ式幌のついた四輪馬車］で、狩りの一行に従っていたとき、ピエール・グランピエという、三人の子もちでアシェールの葡萄栽培にたずさわっている男が、猟犬の群れに追われていた鹿によってけがをした。彼の妻は隣人から知らせを聞いて、気も狂わんばかりに駆けつけた。マリー・アントワネットは彼女の相手をし、香水を嗅がせ、財布に持っていた金をすべてあたえた。非常に感動した男の妻は涙を流したが、側近たちも同じだった。この感動的な光景は人々の心に刻まれることになる。このエピソードはたちまち、みなが王太子妃を一目でも見たいと集まったその地方だけでなく、王国全体にも知られるようになる。若いほうのモローことジャン＝ミシェル・モローが描き、その後版画にもなり、さらには詩人マルモンテルが詩に書いてたたえた！

## 宮廷生活の快と不快

オーストリアの大使メルシー＝アルジャントー伯爵は、王太子妃がほとんど重視していなかった公の体面をたもつことについて、たえず進歩を続けていると評価している。この点について、皇后マリア＝テレジアは妥協がなく、こう書いている。「あなたは宮廷や宮廷人たちのお手本でなければなりません（…）。敬意をはらってほしいと思うなら、自分の役割を果たすことを覚えなければなりません」。実際夜は、王妃のグラン・キャビネ（マリー・アントワネットの時代の王妃のゲームの部屋、のちの皇后の大サロン）に王家の人々や大貴族を迎え、ご機嫌うかがいに来た名士たちに声をかける。自身も流行りのゲームをし、公開の夜食（スーペ）、王の大膳式にも出席する。その態度や言葉はたえず進歩していた。彼女の美しい物腰が宮廷を魅了する一方で、一歳年上の王太子のほうの立ち居ふるまいは粗野であるとみられた。自分が評価されているという満足感を超えて、きっと若い娘の自尊心はくすぐられていただろう。

マリー・アントワネットはまた宮廷劇場にもよく行ったが、その劇場は四五〇人までの観客を収容できた。細長くて狭いが、美しく感じが良いホールで、一七二五年制作の優美な彫刻の装飾がある。王のための貴賓席が、舞台正面の二階中央にあり、舞台は鯉の池を背にしている。だが、王は三階の格子のついた場所を面白がって、そこからポンパドゥール公爵夫人とともに、階下にある棕櫚（しゅろ）の大きなアーチがついた非常に美しい貴賓席の王妃を長い間うかがったものだ。若い王太子妃はかつての王妃と同じ場所をしめる。泉の中庭の側だ。そして現在の愛妾のデュ・バリー夫人はルイ一五世とともに格子のついた小さな桟敷にいた。

ホールの静けさは驚くほどだったにちがいない、上演中は「王の前で拍手をしない」からだ。数々の出し物――喜劇やバレエ――が王太子妃を楽しませようと用意され、彼女はこの選択をありがたく思い、羊飼いやニンフや牧人が出没するこの田園世界、音楽とダンスで表現される、彼女の好きな想像の世界にひかれているように見えた。ところが、すべて評価しているどころではなかった。なじみのなかったリュリーやラモーの音楽、モリエール、ラシーヌ、ヴォルテール劇は、彼女を非常に退屈させた。とはいえマリー・アントワネットはフォンテーヌブローで、文字どおり彼女をうっとりさせるような音楽に出会う、リエージュの作曲家グレトリの音楽である。一七七一年一一月、最初に上演されたオペラコミック「ゼミールとアゾール」が若い娘と宮廷の目を奪う。コメディー＝バレの形式のもと、物語は美女と野獣のおとぎ話を東洋におきかえたもので、滑稽さと感動と超自然が入りまじっていた。

だが、日常の暮らしは心配事の種にもなった。夫である王太子との関係に問題があったのだ。ルイ＝オーギュストは鹿の回廊の端に泊まっていた。このような配置にいる若い夫婦にカップルとしての親密さは期待できなかったし、王太子のほうはあきらかにそれを望んでもいなかった。とはいえ回廊の反対側には天井を貫いた階段があって、マリー・アントワネットがいるシャルル九世の翼棟の王のアパルトマンの階に行くことができた。だが、ルイ＝オーギュストの未熟にくわえて、彼の暮らしがすっかり狩猟のほうを向いていることが夫婦をへだてていた。彼らの結婚はあいかわらず完遂されないまま、王太子妃は自分が夫に対してもっている愛着について、彼を安心させることもあった。

マリー・アントワネットとルイ一五世の関係は、王太子妃が王の熱愛するデュ・バリー伯爵夫人に公の場で話しかけることをこばんだとき、かげりが出た。彼女は、その地位にふさわしくない行動をとるようしいられるのは理解できない、と深く敬愛する母親に書き送っている。一七七二年の滞在は重要な出来事によって、記憶に残るものとなった。デュ・バリー夫人がそのアパルトマンの延長上の「王妃の庭」の上に、非常に金のかかるあずま屋を作らせ、自分を嫌っているマダムたちの前で、そしてあきらかに王太子妃の前で、自己主張の意志を見せつけたのだ。あずま屋は、フローラの神殿のようなもので、アンジュ＝ジャック・ガブリエルによって建設され、まれにみる優美なものだった。マリー・アントワネットは、これを王の家族のための場所への侵入と感じ、侮辱されたと感じた。アンドレ・ル・ノートルによる花咲く平和な場所、オレンジとミルテ［ギンバイカ、愛と栄光の象徴］が植えられて、静かに散歩するのが好きな場所だったのに。彼女には自分だけの場所がないというのに。今日この庭はディアーヌの庭園とよばれていて、町に面していて、だれでも入れる。一七七三年には一八歳になった非常に魅力的な王太子妃とデュ・バリー夫人とのライバル関係は、女の戦いの様相を呈した。

寝室はめずらしく一人になって、待ちかねていた、愛する母親からの手紙を読むことができる場所の一つだったが、とくにいつもフォンテーヌブローで祝っていた一一月二日の誕生日の手紙は待ち遠しかった。彼女は、自分の部屋のどんな書類も安全ではないことを知っている。字が汚いのは、手紙が出される直前に急いで書くからだった。メルシー＝アルジャントー伯爵は彼女を見張らせて、重複して、母后への報告をしていた。とはいえ自分のアパルトマンで、王太子妃は少し自分の時間をもつことができたので、大好きな音楽やダンスのレッスンにくわえて、読書もしたが、こちらはあまり好きではなかった。

## 一七七四年、革新的な滞在

ルイ一六世とマリー・アントワネットの君主としての初めてのフォンテーヌブロー滞在は、一七七四年一〇月一〇日に始まり、一一月一〇日に終わる。二人とも、シャルル九世の翼棟の二階にある王のアパルトマンを全部使うことになり、近くで暮らすことが、今やルイ一六世が王妃に非常に愛着を感じているだけに、夫婦の生活にとって好都合と思われた。また絶対権力をもつようになった王妃は、デュ・バリー夫人から受けた侮辱の恨みを晴らすため、夫人のあずま屋をとりこわさせた。一七七四年の滞在は崩御した国王の公式の喪に服すため、演劇も舞踏会も祝宴もなく、地味で控え目だった。

それにもかかわらず、一一月二日に一九歳となるマリー・アントワネットには多くの行事、カレーシュでの週二回の狩り、徒歩あるいは乗馬での散策、ジュー・ド・バーグ、文化的な関心としてはハープのレッスンと午後に催す小コンサートがあった。王妃がロマンス［甘美で叙情的な声楽曲］、アリエッタ［小アリア］、ヒンネルのロマンスやグレトリの「サレンシーのロジエール」の中の歌曲のように声楽や撥弦楽器のために移調された曲、または自分の曲――というのも彼女自身も作曲をした――をハープで伴奏したり、独奏したりしているのを想像するといい。そのあと、このフォンテーヌブロー滞在中に、彼女は歌の教師につき、絵の勉強も再開する。「こうしたこと全部がわたしの関心をしめていて、楽しませてくれます」と母に書いている。

週に二、三回の猟犬を使って騎馬でおこなう狩猟など、王夫妻はいくつかの活動を一緒にした。王妃は馬車で後についていて行くのだ。狩りがないとき王妃は、誇らし気に数人の友人と護衛をともない、森へ馬に乗って長時間出かけた。馬車での外出はもっと心をなごませるものだったし、木陰での休憩は宮廷生活の束縛から離れた静寂の時間だった。

マリー・アントワネットはこの滞在の初め、夜食にかんするエティケットの大変動を起こした。彼女の頼みで、ルイ一六世は王族でない男性や女性が、王妃や血縁の王家の女性と食卓をともにする栄光から除外されるという禁止令をやめさせることを決断する。王はそこで週一回、王の部屋で夜食(スーペ)会を催し、さまざまな人を招いた。一七七四年、王妃は慣習に従って、高齢で身分の高い宮廷人を招待し、会食者全員に声をかけた。今や新しいレセプションを主催するのは彼女自身で、会食者のうち、男性は王によって、女性は王妃によって選ばれた。

そのうえ、王と王妃の大膳式、音楽をともなった公開の夜食は日曜日の夜だけになり、王妃の部屋、王家のアパルトマンの二階の第二控えの間、現在のフランソワ一世の間またはサン＝ルイの第二広間でおこなわれた。

同様に、王妃が男性の召使いに身辺の世話をさせることが食事の時間の給仕の場合さえ禁じられていたこと、宮殿の中では常に宮廷衣装を着た女官二人をつれていなければならないこともとりやめとした。宮廷人たちは毎晩王妃が王に腕をあずけ、二本のロウソクを持ったお仕着せの従者をたった一人つれて、宮殿内を動きまわり、だれかを訪ねるのを見かけるようになった。このように宮廷内での慣習を変えたことで、滞在は心地良いものとなり、飾り気のないくつろいだ雰囲気が宮殿内に生じた。マリー・アントワネットはここで、人生におけるしばしの平穏な時間を過ごした。

## 王妃の楽しみ

一七七五年から一七七七年にかけての、マリー・アントワネット自身の言葉によるところの「浪費」の滞在中、王妃はとくに宮廷劇場の上演と結びついた、ある意味ほんとうに喜ばしい時間を経験する。ランバル公妃やポリニャック伯爵夫人と一緒に、格子のある小さな桟敷席で観劇した。グレトリは一七七七年の秋の間に、またしてもいくつかの作品を上演されるという栄誉を受ける。この滞在中の出来事といえば、大作曲家グルックがやってきたことだった。マリー・アントワネットはウィーンで、彼からクラヴサンと歌の最初の手ほどきを受けていた。一七七四年のパリでの初演の際、彼女が援助したオペラ「オーリードのイフィジェニー（アウリスのイフィゲニア）」を上演するので、どうしてもきてほしいと頼んだのだ。王妃は舞台の上の二人の競合する偉大な歌い手、王妃が非常に評価していたキャリアの終わりにあるソフィー・アルノーと今が絶頂のロザリー・ラヴァスール、そして素晴らしい踊り手マドモワゼル・ギマールを堪能した。ソフィー・アルノーが歌うじつに美しい一節「あなたを愛していると言おう」は、感受性が強く、感動しやすいマリー・アントワネットを揺さぶったに違いない。そしてテッサリア人のコーラスが有名な一節「なんという魅力！　なんという威厳！　なんという厚情！　なんという美しさ！

われらの王妃をたたえ歌わん…」が始まると、宮廷人たちは王妃のほうをふりかえったことだろう。

彼女は鯉の池のほとりをランバル公妃とつれだって気ままに歩くとき、あるいは二人で「ゴンドラ」遊びをするとき、この秋の逗留がおしみなくあたえる生の甘美さをしみじみ感じとる。二人は心をなごませる池の香気にひたりながら、よく知られる優雅さで歩きまわる。歩きながら、マリー・アントワネットはフォンテーヌブローのさまざまなめずらしいものを発見する。その中には美しい水が湧き出す泉「フォンテーヌ・ベル・オー、フォンテーヌブローの語源といわれる」も…

一七七七年の滞在のために完成させたトルコ風ブードワールは、王妃に個人的な居場所を提供し、彼女はそこから休息と心のささえをえた。この隠れ家的な居間は、このような場所が宮殿内にほとんどないだけにより必要とされた。王家のアパルトマンの部屋部屋の大部分は、王夫妻が日々廷臣たちに接するための場だったからだ。シャルル九世の翼棟の三階に位置し、クール・オヴァール（楕円形の中庭）に面していて、おそらくお気に入りのポリニャック伯爵夫人のアパルトマンも同じ階にあった。このブードワールはサーヴィスルーム、待合室として使われた第一の控えの間、そしてブードワールそのもので構成され、建築家リシャール・ミックによる。「トルコ風」は当時流行で、絵画、彫刻、唐草の葉飾りによって、想像上のオリエントが息づいていた。トルコ風ブードワールは二〇一五年、全面的に修復された。

しかし、マリー・アントワネットが個人として開花したこの時期の魅力のすべては、王妃が一七七五年から一七七七年の滞在の際におちいった自己陶酔と度を超えた言動によってあっというまに消えてしまった。彼女がフォンテーヌブローで味わった自由の感覚は、今や彼女を危険な逸脱に導き、自分にも自分と親しいとりまきにもますます勝手な言動を許すようになっていた。滞在のたびに、大勢の人々を集めて、エレガンスと衣装を競う祝宴が催され、表面上は「輝かしく」見えたが、実際には王妃は浪費され、廷臣や国民の前で信用を失うばかりだった。

自由放任が、一七七五年には、女たらしのロザン公爵と老獪なブザンヴァル男爵という二人の男がマリー・アントワネットに愛の告白をするところまでいった。王妃は不用意にも男爵に王の生理的性的問題にかんして打ち明け話をしてしまい、この初老のドン・ファンはそれをすぐさま他の人にもらした！　この滞在の間、王妃に複数の愛人がいるという噂がどんどん広がった。これらの中傷のうち、もっとも危険なものはアルトワ伯が発している。ある日、王妃とポリニャック伯爵夫人が、互いに抱き合い、涙ながらに別れようとしていたところだったので、「遠慮はいりませんよ！」と言って立ち去り、女友だちを邪魔したと、だれかれなく吹聴したのだ。悪い評判ができてしまった。一八世紀にはこのような打ち明け話はよくあることで自然だっただけに、よけいマリー・アントワネットはこの中傷に傷ついた。

それにもかかわらず、王妃には自分の暮らし方のいきすぎについて明断な自覚があった。彼女は母に一七七七年滞在について告げる。「こんな風に、フォンテーヌブローの旅はたいへんな浪費です」。一七七四年の冬以来、王の同伴なしで遊んだり出かけたりすることが多くなり、王を過小評価する傾向にあった。滞在中も、夜食の後の夜一一時に、重要な時間が始まる。王妃は時にランバル公妃の部屋、時に親友のポリニャック伯爵夫人に会うためゲメネ公妃の部屋を訪れた。メルシー＝アルジャントーによると、これがマリー・アントワネットにとって「一日のうちでもっとも危険な時間」だった。なぜなら、王国政府の問題、さらには政治的な問題について、立場を選ぶよう仕向けられたり、賭事のようないきすぎた娯楽に引きずり込まれたりするのでなければ、報いの多い職務の割り当てを懇願されるからだった。こうして王妃はその他の宮廷から孤立し、数多くの敵を作った。

ランバル公妃のサロンはもっとも人の出入りが多く、とくにオルレアン家の全員が来ていた。以前デュ・バリー夫人が使っていた公妃のアパルトマンは、フランソワ一世の回廊の階下に位置し、王妃の庭に面している。二番目のサロンは、ポリニャック伯爵夫人のサロンで、アルトワ伯に率いられた騒がしい若い連中でにぎわっていた。彼らは宮廷の人々の悪口を言い、陰謀をくわだて、王について軽口をたたいたが、王妃はそれを容認した。このような放埓な雰囲気にもかかわらず、王妃はその物腰やただよう自然な気品によって尊敬の念を起こさせた。当時ポリニャック伯爵夫人は「かぎりない寵愛」を享受していて、「王妃のアパルトマンに近い砦」に住まいをあたえられていたが、まさにすぐ近くなので、王妃はよく部屋着のままそこで朝食をとった。

「王妃の賭け事」は週日二回と日曜日に、マリー・アントワネットのアパルトマンで開かれ、いつも育ちの悪い若者がたむろしたが、彼女は名門貴族を完全に無視する一方で、彼らとはつきあった。ファロまたはフェローという賭けトランプも本物のぺてん師を引き寄せた。そんな夜、王妃は相手が富裕であろうとなかろうと、初めて来た人とも一緒になって遊んだ。「そうした折は、もはやまったく宮廷のようではありません」と、メルシー＝アルジャントーは幻滅し、なすすべなく書き送った。一七七六年の諸聖人の祝日のときのように、ときには一晩中遊んで、大金を失った。

とっぴなモードにも夢中で、そのために負債を負ったが、これもこうしたベルフォンテーヌ滞在の狂気を増幅している。一七七五年秋のモードは、夏に王が王妃のドレスについて指摘した結果、「蚤色（のみ）」となった。微妙に色合いを変える地味な紫がかった茶色で、その時代の鮮やかな色とは対照をなしている。次の滞在の際、今度は王妃の生地の選択についてのプロヴァンス伯の指摘で、蚤色は終わり、王妃の髪の色のビロードと布地を注文するために従僕をパリへ急がせた。ただちに宮廷にブロンドが流行した。服もドレスもすべてブロンド色！　マリー・アントワネットはバラとジャスミンとオレンジの花をベースにしたデリケートな香水の後光でつつまれた。

一七七五年から一七七七年までの競馬は莫大な費用のかかる賭けの対象だった。アルトワ伯がイギリスの馬を使って、セーヌ川のほとりにあるボワ＝ル＝ロワにほど近いセルメーズ平原の森で催した。現在レジャー基地となっているところだ。賭けはピロティの上に造られた広いサロンでおこなわれ、だれにでも開かれていて、騒々しく活気があった。ここによく来る若者たちは、だらしない服装で、マリー・アントワネットと親しげなところを見せたが、王妃のほうは気品と威厳ある様子を失わなかったので、そのことがこうした出会いの不都合を多少なりとも緩和した。

この一七七七年秋、王妃は、現在はとりこわされたが、マジェンダ通りにそったかつての松の庭園、現在のイギリス庭園のそばにあった町の小さな劇場によく行った。この民営の劇場の支配人はマドモワゼル・モンタンシエといい、マドモワゼル・ロークール主演のコメディーを提供した。この女優を王妃は高く評価して、四回も五回も見に行って、称賛した。上演の後には仮面舞踏会があり、ときには一晩中続いた。だれにでも解放されていたので、王妃は放蕩仲間とともにそれに参加した。

こうして夜は気晴らしや遊びにすごされたので、王は王妃の部屋で寝ることができない。九月にはこれが変わって、王は結婚の義務を果たすため毎晩妻に会えるはずだった。八月にはついに結婚が完遂されたのだから。マリー・アントワネットが生活を変えることを受け入れれば、すぐにでも妊娠の希望が持てただろう［長女マダム・ロワイヤル誕生は一七七八年一二月］。ところが、乗馬をひかえ、森でも慎重になったにもかかわらず、パーティーのほうはやめられずに週に三回、四回と出かけて、あいかわらず夜は留守だった！昼間、もっと会っていたわけでもない。王妃が夜の遊びに気をまぎらせていたのは、この時期退屈し、ルイ一六世を見下げていたからだろう。もはやメルシーの言うことも、かつての指導者ヴェルモン神父の言うことも聞かなくなった。神父は宮廷を去るが、これは悔いを残すこととなる。

マリー・アントワネットが一七七七年の滞在のすぐ後、母に書いている。「フォンテーヌブローで十分楽しんだにもかかわらず、滞在が終わったことを残念に思っていません」マリー・アントワネットは自分が楽しんでいたというより、気をまぎらしていたことに気づく。彼女が送っていた「とても自由な」暮らしは、彼女の評判をきずつけた。

## 私生活のここちよさ

一七八三年と一七八五年と一七八六年の三度の滞在は、それまでのものとはずいぶん違った。王妃はもう過度の浪費はしなくなっていた。母皇后を一七八〇年に亡くしたことで、彼女はきずつき、成熟した。そうした心の状態が、一七七七年よりシンプルになった衣装にも反映されている。エリザベート・ヴィジェ＝ルブランによる「シュミーズ・ドレス姿のマリー・アントワネット」で王妃が着ている有名な「ゴール」ドレスがそれを証言している。モードは今や簡素、麦わら帽子、田園の散歩にあった。画家は、王妃が一七八三年夏に着ていた白いモスリンのドレス姿で描いただけだったが、この作品はサロンでスキャンダルとなった。王妃たるものその地位にふさわしい服装で、ネグリジェではなくきちんとコルセットをつけて描かれるべきだというのである！

フォンテーヌブローはそれ以来、避難所、ある種の安らぎの場のようなものに思われ、二八歳になっていたマリー・アントワネットは、家族で暮らそうとつとめた。王妃の変化は、今や、より思慮深いほうへ向かい、滞在の際はマダム・ロワイヤルが決まって一緒で、常軌をいっした夜が終わり、何年もなかった威厳と平穏の雰囲気を宮廷に投げかける。王妃は目の前でなれなれしい態度をとる若者たちを、自分から遠ざけた。思慮分別のある人々をそばにおき、信仰の実践をふやした。廷臣たちにもわかるほど、たしかな信仰心が宿ったようだった。こうした態度は彼女を王に近づける。

森と狩猟はあいかわらずフォンテーヌブローにおけるマリー・アントワネットの大きな楽しみだった。王妃にはとくに好んでいた場所がいくつかあって、その中のひとつ、今はもう解体された中国風のあずまやである「王妃のあずまや」などは、すぐ近くのクロワ・ド・トゥールーズの狩りの集合を気持ちよく待つのに都合がよく、あるいはセルメーズ平原への道の途中で一休みすることができた。彼女はまた、フランス海岸松が生えたロシェ・ダヴォンの丘を馬あるいは馬車に乗って散策する習慣があった。その木の香りが好きだったのだ。

ポリニャック夫人は一七八〇年に公爵夫人に昇格し——いやいやながら——一七八二年から王の子どもたち［一七八一年長男誕生］の養育係となっていたが、今や職務が理由で滞在には同行していない。おそらく王妃は彼女が「弱みにつけこんで策をろうしたことを」

許さないだろう――そして事実、マリー・アントワネットとポリニャック夫人との友情が冷めたのは、一七八三年一一月のフォンテーヌブローにおける、カロンヌの財務総監任命のときと推定される。ポリニャック一派と王妃の圧力を受けての王の選択だった。マリー・アントワネットは今、公爵夫人が、その利益集団にもてあそばれている人物であること、愛人ヴォードルイユ伯爵とその一派のために彼女を犠牲にしたことに気づく。ポリニャック一派から離れて、ふたたびより親しく、彼女の目により信頼できる友人となったランバル公妃をあらためて評価するのだった。

妊娠中ということで、表立っては慎重に、移動による事故を避けようと、マリー・アントワネットは一七八三年に初めて、ショワジーからフォンテーヌブローへセーヌ川を使って行くことにした。乗るのは、王妃のためにオルレアン公が用意してくれた「ゴンドラ」、馬に引かせた平底舟である。彼女はピエロとよばれる白いガウンを着ていたが、まだ三か月なのに、六か月であるかのように見えるほど丸みがあった。マダム・エリザベートや宮廷人をともなってムラン下流のベル＝オンブルに着き、舟を下りると付近の住民に敬意をもって迎えられ、喝采を受ける。王妃は四方へ向かってお辞儀をし、彼女に特有の自然で優雅さに満ちた態度でそこにいた人々をねぎらった。

一七八三年の滞在には悲痛な出来事が続く。一一月二日日曜日から三日月曜日にかけての夜、マリー・アントワネットは流産する。きっと、彼女を取り囲んでいたさまざまな緊張と、妊娠中にもかかわらず続けていた運動が原因だったのだろう。ポリニャック公爵夫人は友を元気づけるため、フォンテーヌブローへ駆けつけた。人々のいたわりと気配りにつつまれて、王妃は迅速に回復し、公的な活動を再開したが、この不幸な出来事は彼女を深く悲しませた。

一七八三年に五歳となっていたマダム・ロワイヤルは、この三度の滞在をシャルル九世の翼棟の一階の端にある小アパルトマン、今日の皇后の小アパルトマンですごした。しかしムスリーヌ——マリー・アントワネットがこうよんだ——は、滞在するにつれてますますわがままになり、彼女を愛してやまない母親はなんでもあるいはほとんどなんでも好きにさせた。きびしく扱わなければならないと、王と王妃は数日会わないようにしたこともあったが、それもこのきかん気の子にはなんの効き目もなかった。とはいえ、その両親が優しく愛していたマダム・ロワイヤルの存在は、この最後の滞在に家族的な雰囲気をあたえた。王太子、ルイ＝ジョセフは五歳で、一七八六年の滞在の最後にきて、姉がいる翼棟の端、彼女のすぐそばに住んだ。この時おこなわれた小さなエクシビションが幼い少年を非常に喜ばせ、王妃を魅了する。王妃にきらわれていた大臣カロンヌが、良く思われようとルイ＝ジョセフに贈った九頭のシベリア小型馬に、王太子の従者の制服を着た子どもの騎馬従者たちが乗って見せたのだ。彼らは非常に優美な小さな四輪馬車を導くための御者あるいは騎馬御者となり、また軍隊ともなった。この小さな一行の光景は、すっかり心を奪われたマリー・アントワネットが見守る中、王妃の庭でくりひろげられた。

王妃はあいかわらず贅沢なものが好きだった。素晴らしいヨットを建造させたのだが、それは最後の二度の滞在のために使われただけである。一七八五年、王妃は出発前の船の甲板から、パリの住民たちにあいさつを送った。翌年、王妃はマダム・ロワイヤルと王太子ルイ＝ジョゼフをつれてこの同じヨットを使った。ベル・オンブルに到着すると、旅行の残りのパンを貧しい人々に配った。

一七八五年のフォンテーヌブロー滞在の直前、あるいは滞在が始まってすぐにマリー・アントワネットは再度懐妊した。この知らせは秘密にされた。そのうえ、王妃自身この新しい妊娠を認めたがらなかった。同じ頃小さくて魅力的なオベリスクが王妃に敬意を評して建てられ、まだある程度の国民の心には王妃への熱情が残っていることを証明した。発案者は森林大監督官のシェサックで、この一七八五年の事業でこつこつと節約したおかげでこの「軽い出費」が可能になったのだと、ルイ一六世に請け合った。台座の四面には、ブロンズの大文字で、王家のメンバー「マリー・アントワネットと三人の子ども」の名前が書かれている。

とはいえ、悲劇的な財政状況、その改善を試みるために重ねた政治的失敗、首飾り事件のスキャンダルの重みすべてが、今やこの「美しい泉」滞在に重くのしかかって、楽しいくつろぎのときをいくらかそこなったし、内政と同様外交における王妃の不器用なかかわりが、あらゆる緊張を高めた。

王妃は宮廷劇場で催される多くの歌の公演にかかわったが、そのことで音楽上も政治的にも敵対関係を作ってしまう。一七八五年の音楽シーズンは、一七八三年と同様にピッチンニにとサッキーニの対立に支配された。王妃は熱心にこうした公演を見たが、そこでは舞台の上でも観客席でも感情が爆発した。「王妃によって」観客にあたえられたそれまでは禁じられていた喝采の自由が、情熱を刺激し、フォンテーヌブローでの公演の成功・不成功がパリの音楽界を揺るがしたので、王妃のまわりに激しい対立感情を生んだ。

マリー・アントワネットは一七八六年一一月二日、三一歳になる。素晴らしい誕生祝いが待っていた。アパルトマンが現代的趣味に改造されたのだ。フォンテーヌブローで、美しく新しくなった装飾にうっとりするが、そこには王国の財政に照らすと、ショックをあたえるような何かがあることに気づいた様子はなかった。シャルル九世の翼棟二階で、王妃の庭に面した王妃のアパルトマンは、アンシャンレジーム末期のフランス芸術の洗練を証言する繊細な新古典主義の趣味で、装飾と調度がととのえられた。グラン・キャビネまたは王妃のゲームの部屋は、一七八六年秋、壁がアラベスク・スタイルに描かれた。天井は、青い空の上にベルテルミーが、音楽の天使をつれたミューズたちに冠をかぶせるミネルヴァを描いた。家具は、現在も王妃の寝室に展示されている高級家具師ベネマンによるマホガニーの整理タンス二竿と、スネとヴァロワによる、白地に彩色されたサテンでおおわれた数多くの椅子、折りたたみ椅子、タブレ（スツール）、カードゲームなどの見物に使う観覧椅子で構成されていた。サロンには、同じスネによる、椅子と調和する花をあしらった暖炉の火の粉避けと熱避けの衝立もあった。だがマリー・アントワネットは、おそらく少しがっかりしていた。彼女の寝室がまだ改装されていなかったし、今日見ることができる新しいベッドは、一七八七年まで届けられないからである。現在の壁布は、アンシャンレジーム末期に作られた布地の復元（一九六八～八六）で、オリジナルは王室家具保管係が一七九〇年に購入し、一八〇五年に寝室に施工された。フランソワ一世の回廊を二つに分割することで、ルイ一六世は内側のアパルトマンと小アパルトマンをもつことができたが、その装飾は比較的地味だった。

王妃をもっとも感嘆させたのは、彼女の新しいブードワール、銀のブードワールで、フランス新古典主義装飾の真の傑作であり、塗装に表現されたポンペイ様式を賞賛するマリー・アントワネットの洗練された趣味を証言している。ルソーのデッサンでトゥーゼの協力をえて、ブルジョワによって仕上げられた。羽目板の上に花のモチーフを描いた凝った装飾、扉や鏡のトリュモー、金と白の背景に家具の調和が一体となって部屋全体を比類ないものとしている。ジャン＝アンリ・リーズネールによる、巻き込み式の蓋のついたライティングデスクと螺鈿、金と銀を張ったブロンズ細工のテーブル、ジョルジュ・ジャコブが制作した肘掛け椅子、足のせ用スツール、金を張った板に植物の模様で装飾した暖炉の火花避けついたてなどの家具は、すべてエレガントで洗練されたフランス家具の証で、マリー・アントワネットは賢明な注文を発することによってそれらを援助したのだった。フォンテーヌブローのブードワールは、マリー・アントワネットの新古典主義に対する趣味のもっとも完成した表現である。鏡の後ろにある階段が一階に通じていて、王妃は望むときに子どもたちに会えた。のちにマリー・アントワネットの大の崇拝者だったナポレオン三世の皇后ウジェニーは、このブードワールの奥に浴室を作らせる。この部屋は今日、フォンテーヌブロー宮殿の至宝となっている。

フランス革命下の一七九四年から九五年にかけて、フォンテーヌブローにあった王室のめぼしい道具類はパリへ、とくにリュクサンブール宮殿へ送られ、その後一九世紀に各省庁に置かれた。今日ルイ一六世時代の家具は、さまざまな公共だけでなく民間のコレクションにも分散しているが、いくつかは宮殿に保存されている。だが、ナポレオン一世が一八〇四年から宮殿に新しい家具を入れたので、王のアパルトマンに現在あるのは第一帝政の時代のものである。

一七八六年の滞在の際、マリー・アントワネットの公式画家、エリザベート・ヴィジェ＝ルブランもここに来た。王妃の肖像を、このたびは絵でなく回想録のなかに書いている。「フォンテーヌブローへの最後の移動の際、宮廷が慣例に従って大きな催しをするはずだったので、わたしはこのイベントを楽しもうとそこへ行った。わたしはそこで王妃にお目にかかったが、ダイヤモンドにつつまれた正装をしていらして、美しい太陽が照らすとほんとうにまばゆいほどだった。見事なギリシア風の襟の上に、頭を、高くあげて歩かれるとき、あまりに堂々としてあまりに威厳あるご様子だったので、まるでニンフたちに囲まれた女神を見ているようだった。この旅から帰って、最初に肖像画のポーズをとっていただいたとき、わたしが受けた印象をお話しすることにし、いかに王妃の頭の上げ方が、その外観をますます高貴にしているかをお伝えした。すると王妃は冗談の調子でおっしゃった。『もしわたしが王妃でなかったら、尊大な感じだと言われてしまうのではないかしら？』」画家は、美しさと自然な気品で感銘をあたえ、輝いていたフォンテーヌブローにおけるマリー・アントワネットの、最後の瞬間をとらえるすべを知っていた。

# 第8章 ヴァレンヌのベルリン型馬車

ジャン＝クリスティアン・プティフィス

それは高さのある堂々とした大型の馬車で、紋章もなく、目立った特徴もない。車体は深い緑色、車輪はレモンイエローだった。白いユトレヒト産のビロード張りの内部は贅沢な作りだった。詰め物をした座席、クッション、窓にはタフタのカーテンが掛かり、野外での食事セット、荷物を置くための区切り、尿瓶、煮沸処理をした牛革でできた室内用便器など、便宜をはかるためのあらゆる品がそなわっている。糧食としてブフ・ア・ラ・モード、子牛の冷製、ワイン一本、水五本。後部と屋根の上には、二個のトランクと二個のかさばる皮の櫃——半分は空——が紐でとりつけられ、ヨーロッパを横断するような長旅と見せかけている。一七九〇年一二月にアクセル・フォン・フェルセンがパリの製造業者に注文したヴァレンヌのベルリン型馬車はこんな風だった。暖かくて、狭くて、揺れる、内輪だけで閉ざされた空間は、一七九一年六月二一日の間は王妃と王一家にとっての数時間の幸福の場所となるが、続く四日間のぞっとするようなパリへの帰還の際は、不幸の場所となる。のちになってこの馬車はパリ・ディジョン間の乗合馬車として使われ、その後、一七九五年に火事で消失する。馬車の博物館にとっては残念なことだ！

## テュイルリー出発

一七九〇年秋、テュイルリーでのマリー・アントワネットとその家族に対する、国民衛兵司令官ラ・ファイエット侯爵の命令による侮辱的な監視は耐えがたいものとなっていた。逃げなければ、この憂鬱で重苦しい状況から脱しなければ。王妃の周囲には、逃亡の計画が少なからずあった。ライン方面軍司令官ブイエ侯爵と連絡を取りながら正確なプランを準備するため、王の同意もえて、彼女は信頼できる人物として、忠実なスウェーデン人アクセル・フォン・フェルセンとブルトゥイユ男爵を選んだ。秘密裏にテュイルリーを脱出して、一二歩兵大隊、二三の竜騎兵、軽騎兵、歩兵の中隊と一列の砲兵隊と一六門の大砲に守られたロレーヌのモンメディの広場に至るという構想だった。そこで優位をしめてから、行政権の真の最高責任者としての特権を認める憲法の整備を彼らと自由に協議するために、王は国民議会の議員たちがやってくるのを待つことにする。

一七九一年四月一七日、ルイ一六世はこのプランを有効だと認めた。これには、去年と同じようにサン＝クルーへ行こうとしたところ、怒り狂ったデモ隊と国民衛兵の群に妨げられ、馬車の行く手を封鎖されたということがあった。

何度かの延期ののち、テュイルリーからの秘密の脱出は六月二〇日の夜決行される。一〇時半頃、監視の目を盗んで、フェルセン、ポリニャック夫人亡命後に養育係となっていたトゥルゼル夫人、マダム・ロワイヤル、女の子に変装した幼い王太子は、馬車で混雑した「親王の中庭」を抜けて、外へ出て、難なくフェルセンが用意した辻馬車のところまで来る。三〇分後、ルイ一六世は、ラ・ファイエットが必ずつきそう「就寝の儀」を済ませてから、濃緑色のフロックコートにグレーのカツラと丸帽子という飾り気のない身なりで、中庭をつっきって、その間ルイ一五世広場のほうを一まわりしていた同じ辻馬車に合流する。グレーの絹のドレスを着た王妃、さらにマダム・エリザベートも王に続いた。

パリ市の出口で辻馬車を降り、全員がヴィレットのロトンド［一七八八年完成の入市税の関所］で待機していたベルリン型馬車に乗る。二時半頃、すでに一時間遅れで、ボンディの宿駅に到着した。ここでフェルセンは別れを告げる。彼は国璽をたずさえて、馬でベルギーへ向かうことになっていた。

## デュラン氏とロシェ夫人

二時間後、クレイの宿駅で、二人の侍女ヌフヴィル夫人とブリュニエ夫人の乗った、三頭立てのカブリオレ［折りたたみ式の幌付きの二輪馬車］に合流する。護衛のヴァロリーが、先の宿駅の準備をするため、馬を飛ばして先行した。六頭立てのベルリン馬車は、騎馬の護衛マルダンにつきそわれてそのあとを進む。三人目の護衛ムスティエは御者の隣の席に座っていた。

この短い夜が明けて、曙が空に大きな光の筋を描いた。馬車の中では、演じる役の振り分けに興じた。トゥルゼル夫人は、フェルセンの女友だちアンナ・コルフ男爵夫人の名で旅をするが、そのひとの旅券をもっていて、フランクフルト＝アム＝マインまで行き、そこからロシアへ行くことになっている。彼女は養育係のロシェ夫人（王妃）、執事デュラン氏（王）、お付きの侍女ロザリー（マダム・エリザベート）、二人の娘アメリーとアグラエ（王子と王女）をともなっている。このお芝居は、ジョルジュ・ルノートル［一八五五〜一九三五フランスの歴史家、劇作家、本名テオドール・ゴスラン］がいうように、この手に汗握る冒険と同様、陶然とさせるようで、「まるでヴァカンスにでも出かけるようなほとんど楽しげな印象をあたえたが、大いなる幻想だった」

この六月二一日朝が明けたとき、旅人たちはうとうとして頭を揺らしていた。聞こえるのは、馬の規則正しい蹄の音と、鉄の箍（たが）のはまった車輪が敷石の上で軋む音だけ。七時頃、モーで、皿もフォークも使わずに用意してきた食糧に手をつける。そんなこともすべて楽しく感じられ、くつろいで、テュイルリーでのしめつけから脱出したことでほっとしていた。「ラ・ファイエット氏も今頃は自分の身を案じているだろう」と王が冗談を言った。

八時、ラ・フェルテ＝スー＝ジュアールの司教館の前で馬を換える。町を出て、モラスの森に沿って上り坂になり、御者が馬車を徐行させはじめると、トゥルゼル夫人は子どもたちに新鮮な空気を吸わせた。王もそれに付き合って、皆のんびりとはしゃいだ。遅れはさらに大きくなった。ヴィエル＝メゾンの宿駅で、「ご婦人方がくつろぐ時間をとり、自分も用を足せるように」と王は馬車を降りる。どの宿駅でも、物乞いの群れがやって来て小銭をせがんだ。

フロマンティエールで、ルイはまた馬車を降りて、物見高く集まって来た人々とおしゃべりをし、農民に収穫の様子をたずねたりした。ムスティエが名のらないよう忠告したが、彼は答えた。「それはもう必要ないだろう。この旅ではどんな災難も起きそうにないではないか」。実際、広々とした、まだ青い麦の畑がそよ風の下で波打ち、木立の葉がざわめき、気持ちの良い暖かい陽光が雲を抜けて射し、すべてが自由で安らかで素晴らしく、煮えたぎる鍋のようなパリを忘れさせてくれるように見えた。どんなにか甘美な陶酔感だっただろう！

「プティ・シャントリー」とよばれていたシャントリスは、居酒屋と鍛冶屋と宿場の三軒からなる集落で、宿場は元農場主ジャン＝バティスト・ド・ラニーが経営していた。昨年連盟祭に参加していた主人の婿ガブリエル・ヴァレに、王であると見破られたデュラン氏（王）は、否定しないまま敬意と追従に取り囲まれるにまかせ、家族とともに涼をとろうと宿屋のホールに入っていった。なんと驚くべき知らせ！　フランス王がおしのびでこんなさもないところにいらっしゃるなんて！　熱心な僕たちがつめかけ、王を自分の目で見られたことを、神をたたえて喜んだ。半時間が流れた。お礼の印にと、うれしさでいっぱいになった王妃は、物入れから銀の小鉢を二個取り出し、宿の主人に贈った。午後二時頃、一行はふたたび出発した。

シャントリスの少し先で、運の悪いことに、馬車の車輪の一つがソンム＝スード川にかかる橋の里程標にぶつかった。車軸が折れてしまう。修理に貴重な一時間がついやされた。シャロンに着いたときは四時を過ぎていた。予定では、この地点の通過は正午頃のはずだった。マリー・アントワネットは二一年ほど前、自分が華々しくフランスに到着した際、温かく迎えてくれたこの町のことや、市庁舎広場で、晴れ着の美しいお嬢さんたちが彼女にかけてくれた祝いの言葉を思い出した。今日は気づかれずに通り過ぎなければならない。しかし遅かった。御者たちの話を聞いた一人の詮索好きな男が、市長に知らせにいった。ありがたいことに、市長は目をつむってくれた。

四時半頃、馬車はふたたび出発する。まっすぐでほこりっぽい道は、白亜質のシャンパーニュの平野を通って、ブイエ侯爵の軍隊が監視する地域にもうすぐ入ろうとしていた。かつての大臣の甥にあたるショワズール＝スタンヴィル公爵に率いられた軽騎兵四〇人の前哨部隊が、確かに逃亡者たちをポン＝ド＝ソンム＝ヴェールで待っていた。道中でもっとも危険な地点、ジャコバンが多く住んでいるシャロンを過ぎてしまえば、すっかり安心だと言えるだろう。「助かったのだわ」と王妃は深い満足のため息をつきながら言った。ノートル＝ダム・ド・レピーヌの聖マリア大聖堂のフランボワイアン様式の鐘楼はすぐそばだった。

## 落胆

六時一五分、馬車は侍女たちのカブリオレに先導されて、四方を見わたせる野原の真ん中に一軒だけある、横長の大きな農家にたどり着いた。それがポン＝ド＝ソンム＝ヴェールの宿駅だった。だれもいない。サント＝ムヌーから来ているはずの軽騎兵たちの白い折り返しのついた空色の軍服姿も、ショワズールも、ベルリン馬車が到着し次第、下流の宿営中の部隊を迎えに行くことになっていた測量技師のゴグラ男爵も、王妃の美容師レオナール・アンティエも――このような事態においても、マリー・アントワネットはこの比類ないアーティストと別れ別れになれるとは思っていなかった――待ち合わせの場所にいない。何があったのだろう？

王は気をとりなおした。たんに予想どおりでなかっただけだ。サント＝ムヌーまで行けば、そこには後続の三〇人の竜騎兵がいる。ルイはショワズールが五時まで待ったことを知らなかった。ショワズールはじりじりしながら待っていたが、一行が少しも来ないので、ついにはヴァレンヌにとって返すことにし、「どうやら宝物は、今日はお見えにならないようだ」と従者と美容師をつかって、サント＝ムヌー、クレルモン＝アン＝アルゴンヌ、ヴァレンヌの分遣隊に伝えさせたのだ。

馬車は揺れた。馬が二回転倒する。次の宿駅オルベヴァルでは、替えの馬を野原から連れてくるのを一五分も待たなければならなかった。七時半、ヴァロリーが替え馬の指図のため、先にサント＝ムヌーに到着する。太鼓を打ち鳴らす国民衛兵や、旅籠「金の太陽」のところで所在無げにしている数人の竜騎兵らで、町は活気づいていた。彼らの存在のせいで興奮した町役場が、住民に武器を配らせた。この分遣隊を指揮する将校のダンドワン男爵がヴァロリーに、彼の部下たちがあてにならないことを知らせる。したがって馬を替えて、できるだけ早くここを遠ざかったほうがいいと忠告した。護衛は畑から帰ってきたたくましい宿駅の主人ジャン＝バティスト・ドルーエと二、三言葉をかわした。

そこへやっと馬車が現れた。物見高い人々が出てきて、馬車をとり囲む。竜騎兵たちがベルリン馬車の婦人の一人に対し、軍帽のひさしに手をやって敬礼すると、婦人は威厳ある態度でうなずいた。まちがいない、これは亡命する裕福な貴族だ。ダンドワンは御者席のムスティエにくりかえした。「出発なさい。急いで。急がないと助かる見込みはありません」。馬に装具をつけ終わると、馬車の屋根の大型の荷物を見たドルーエは、アルゴンヌの急坂で馬たちを疲れさせすぎないよう、御者に注意をうながした。

ベルリン型馬車が出発するが早いか、たちまちのうちに、この馬車に王一家が乗っているという噂が広がった。シャントリス以降、宿駅ごとに馬丁たちにこのびっくりするような情報をあたえていた御者たちのせいだった。国民衛兵は非常召集の合図の太鼓を打ち鳴らす。ダンドワン隊長は、逮捕されて連行された町役場で、軍隊のための資金の輸送を護衛する任務があるのだと説明した。それから一時間半後、日が落ちると、今度はドルーエが出頭を命じられた。旅人たちに旅券を見せるよう要求しなかったという、重大なあやまちを犯したからだ。彼は馬車の奥に太った男性がいたのを見たことを思い出した。ルイ一六世の肖像画のついた五〇リーヴルのアシニャ紙幣を見て、あの人だとわかる。失敗を挽回しようと、ドルーエは全速力で一行を追いかけるが、彼らは静かな夜の中、ランタンを灯して道を進んでいた。九時半にクレルモン＝アン＝アルゴンヌに到達する。連隊長ダマが宿駅で待ち受けていたが、ショワズール＝スタンヴィルの手紙は竜騎兵たちの動員解除をうながしていた。馬の交換には一〇分ほどしかかからなかった。ベルリン馬車の乗員たちはもはや我慢できずに「好意と満足」を身振りで示した。

メッツへの道を離れて、一行はヴァレンヌ＝アン＝アルゴンヌを通ってモンメディに通じるはずの近道に入った。ヴァレンヌには宿駅がないので、ブイエ侯爵の末の息子フランソワが、村の最初の家のそばに臨時のものを用意することになっていた。ヴァロリーが夜の一一時少し前に到着するが、何も見つけることができない。続いてやってきた旅人たちも心配になる。すでに二三時間、二四回馬を替えて、二三五キロメートル走っていた。王は苛立って馬車を降りた。王妃も王を安心させることはできない。王は家の扉を拳で叩く。もっと先へ行くように、との返事だった。馬を疲れさせすぎないようにとの指示にこだわって、御者たちはこれ以上進むのを拒否した。

ドルーエが馬で彼らに追いついたのはそのときで、彼は馬を馬車からはずすよう命じた。それから町の中心に向かう急傾斜の道を下って、サン＝ジャングー教会の穹窿のところを過ぎ、旅籠「金の腕」まで行ったが、そこでは数人の国民衛兵と革命派がまだワインの瓶を前にテーブルについていた。大騒ぎして、ドルーエは彼らに王とその家族を乗せた大型の馬車の存在を知らせる。すでに寝ていた、食料品と蝋燭を商う村の総代（プロキュラー・サンディック）であるジャン＝バティスト・ソースが起こされた。

## 逮捕

この間、逃亡中の一行は、三〇分以上待ったあと、報酬を出して御者を説得し、前進することができるようになった。だが、侍女たちの二輪馬車がまず教会の穹窿の近くで捕まり、次はベルリン馬車の番だった。ソースは大型の角灯を馬車の窓に掲げて、中に三人の女性と二人の子ども、灰色のかつらをつけた太った男性を認めた。どこへ行こうとしているのか？　フランクフルト！　隣の旅籠で調べると、コルフ男爵夫人の名で照合ができたので、そのまま通過させることが法にかなっているように思われた。だがドルーエがねばった。「王とその家族だ。もし通してしまえば、あんたは裏切りの罪で罰せられるだろう」。国民衛兵は武装していた。半鐘の音で目を覚ました物見高い人々が集まりはじめた。心配になってきた食料品店主は、旅人たちに今夜はここに留まるよう勧め、道路の反対側にある、板と荒壁土でできたみすぼらしい自宅に泊めることにした。疲れ切っている子どもたちを二階に寝かせる。別の部屋は、国民衛兵と町の職員らが旅行者たちとともにひしめきあった。

ソースは、ヴェルサイユへ何度も行ったことのある判事のデルテーズを呼んだ。「ああ、陛下」すぐさまデルテーズは叫んで、膝を折ってかがんだ。ルイは降参した。「いかにも！わたしは王だ。これは王妃とわたしの家族だ。わたしが諸君のところに来たのは、子どもたちに囲まれて暮らすためなのだ。わたしは彼らを決して見捨てない」。そこにいた人々は尊敬の念で一体となった。太陽王の時代に生まれたというソースの祖母は、ひざまづいて泣きながら王太子の手に口づけをした。

食料品店のまわりは、ヴァレンヌの人々の群れにくわえて、しつこく鳴っている半鐘の音を聞いてやってきた近隣の村の農民たちでふくれあがった。半鐘は午前三時になって、やっと王妃の頼みで鳴り止んだ。鉄砲あるいは長柄の鎌を持っている者もいた。砲架がない無害な大砲が、橋の上や街道の十字路に置かれていた。

ルイは自分がライン方面軍の宿営地の地域にいることがわかっていた。ショワズール＝スタンヴィル、ダマ伯爵、ゴグラ男爵の到着も彼をすっかり安心させた。すぐに出発する必要があるだろうか？　町の吏員たちが、道はまがりくねって狭いので、夜の旅はむずかしいと説明した。王妃とマダム・エリザベートは反対に、留まるべきではないと感じていた。というのも彼らの周囲が熱気を帯びて来たからだ。「革命支持派（パトリオット）」にふたたび捕らえられてむりやりパリへつれもどされないともかぎらないのではないか。

四〇人ほどの竜騎兵を率いていたショワズール＝スタンヴィルが、彼らの護衛のもと、馬に乗って出発することを提案した。この地の砲兵隊の指揮官ラデが、庭から警備されていない路地に出て、そこから森まで行ったらどうか、と言う。唯一この不安の夜に、姿を現していないのは、ブイエ侯爵の息子とその補佐官レジュクールだった。とはいえ彼らは半鐘で王一家の到着を知っていた。こわかったので、エール川の対岸にある旅籠「大君主（グラン・モナルク）」に隠れて、そこに村のもっと手前に予定されていた宿駅を一一頭の馬で設置していた。

ルイは逃げるという解決案をすべて遠ざけた。どうして流れ弾の危険に身をさらす必要があろうか？　村の吏員は彼らの出発を認めないわけではないが、夜明けまで待つよう頼んでいるだけなのだ。急ぐことはない。ブイエ侯爵とロイヤル＝アルマン連隊の五〇〇人の騎兵がもうすぐやって来て、彼らをこの不愉快な状況から救い出してくれるだろう。

朝の五時半、国民衛兵司令官バイヨン大尉とラ・ファイエット将軍の副官ジャン＝ルイ・ロムーフの、パリからの到着とともにすべてが変わった。この任務を嫌悪している思いやりあふれるロムーフは――彼はテュイルリーでよく見かけていた王妃をひそかにしたっていた――目に涙をためながら議会の命令を王に差し出した。公務員、国民衛兵、戦列にある部隊は国王と「王一家の関係者」の旅を阻止するよう、あらゆる必要な手段をとる義務がある、というものだ。

疲れ切った様子で、ルイはその紙を王太子とマダム・ロワイヤルが眠っているベッドの上に置いた。「フランスにはもはや王がいない」とため息をつく。王妃は激昂して、その紙をつかんで床に投げ捨てた。「これで子どもたちを汚したくありません」。王も怒りをふくんだつぶやきでそれに答えた。外では群衆が仕返しをおそれて叫んでいた。「パリへ！パリへ！」ヴァレンヌの人々は一刻も早くこの危険な人質をやっかいばらいしたがっていた。ルイは時間かせぎをしようとした。朝食をとりたいと言い、それから一眠りするふりをした。侍女の一人、ヌーヴィル夫人が本当に激しい下痢を起こしていると言うので、王妃は医者を要求した。ブイエ侯爵は不幸にもあいかわらず現れなかった。

## 悲劇の帰り旅

六月二二日朝早く、王一家はソースの家を出てふたたび馬車に乗るよううながされる。数千の男、女、子ども、国民衛兵、農民そして野次馬が彼らを待っていた。最初、群衆は叫んだ。「国王万歳！　国民万歳！」だがすぐに、ブイエの騎兵隊が駆けつけてくるのではないかという恐怖にとらわれたのか、そろって連呼しはじめた「パリへ！　パリへ！」

徴用されたおおい付二輪馬車や四輪の荷車、長柄の鎌、農業用フォーク、鉄の棒で武装した農民、だらしない身なりで統制のとれていない兵士たちからなる不思議な一行が延々と続いた。村ごとに新たな人数、とくにますます騒々しい土地の民兵がくわわって行列はふくらみ、この帰路を過酷な地獄への旅と変えた。人々はルイが亡命して反革命を指揮しようとしていると、憎むべきやり方で一七九〇年七月一四日の連盟祭［市民連盟の革命一周年記念祭］の誓いを破り、国民を裏切ったのだと思い込んだ。

熱に浮かされたような、ほろ酔い加減の行列内では、オーストリア人たちが来るとかドイツ傭兵が来るといった不穏な噂が流れていた。そのただ中を緑色のベルリン型馬車は徐行した。開けた窓から叫び、罵声、わいせつな呪いの言葉が入ってくる。扉にしがみついて、王のむっつりした下顎やマリー・アントワネットの打ちのめされた表情を見ようとする者も何人かいた。耐えがたい暑さだった。「王国から出ようと思っていたのではない」と、敗北を認めた王は、村長たちが不安げにくどくど言うのに対し、穏やかにくりかえした。

当局者たちはまだ、君主に対する敬意をたもっていた。だが、群衆は同じではない。ダマルタン＝ラ＝プランシェットの近くでは、表敬のためにやって来たクレルモンの貴族で、ダンピエールというサン＝ルイの騎士が銃撃され、ツルハシでとどめをさされた。その破れて血にまみれた衣服が、馬車の扉のところにふりかざされた。シャロンの旧地方長官府は――王妃が王太子妃だった一七七〇年に泊まったことがあったところだが――王一家を、敬意をもって迎え、親切でさえあった。かつての幸福だった日々のように、若い娘たちの一団が王妃に花を贈った。市長、検察官、裁判官、国民衛兵や憲兵隊の士官たちは、皆が穏健な王党派で、この状況にとまどいをみせ、隠し階段から要塞化した基地へ逃げ出せば、王政に忠実な者たちが迎えにくるだろう、などと夢のようなことを言った。そんなとっぴな希望はすぐに断念された。

翌日の六月二三日木曜日、王は地方長官府の礼拝堂で、ある宣誓司祭［革命政府の聖職者民事基本法にしたがう宣誓をした司祭］がおこなうキリストの聖体の祝日のミサに出席する。ミサが終わらないうちに、ランスからの国民衛兵の一団が、大声でどなりちらしながらなだれこんできた。それを見てマリー・アントワネットとマダム・エリザベートは恐怖にとらわれた。攻撃的な興奮した一団は、「ルイとアントワネットの腸で帽章を作るぞ、皮ではベルトを作るぞ」などと言いかわしている。ルイ一六世は眉一つ動かすことなく、平然と礼拝堂を後にした。

馬車に戻るほうがまだましなようだった。この辛い帰り旅には、革命の二つの顔が奇妙にまじりあった。改革には賛同するが、王として善良な事務職員を甘受しようという、ブルジョワ、名士、行政権側の人間や地方の吏員の顔と、一面的ないくつかのスローガン以外の政治観をもたない、騒がしく群れている民衆の顔である。

シュィイーでは、一人の男がベルリン型馬車にしがみついて、王の顔に唾をはいた。王は何も言わずに顔をふいた。ヴァレンヌからこっち、王は馬車のすみで身を縮めていたが、なんでもないふりをし、あきらめた様子で動揺を隠した。そして、往路では宿駅に降り立たないではいられなかった彼が、なにものも乱すことができないような内面の平和を求めて引きこもった。エペルネーでは、その地方の長が形式的に町の鍵を持ってきたが、こうつけくわえた。「逃亡中の王にこの鍵をおわたしするのですから、どうか感謝していただきたい」。このようにみなが王に説教したのだ。

食事が用意されていたロアンの旅籠の食堂へ行くためにも、王とその家族は、鉄砲や農業用フォークや長柄の鎌で武装した、猛り狂った群衆と小ぜりあいをしなければならなかった。護衛兵にだかれていた王太子は、泣き叫んで母を求めた。その母のほうも、おびえ、ののしられ、旅籠に着くまでにスカートが破かれていた。それを旅籠の主人の娘がなんとかつくろう。なんという悲惨！　だれかがこう言っているのを聞いたという証言もある。「俺を隠してくれ、王妃が撃てるように」

暴力があちこちで待ち受けていた。たとえば一行を見張っていたランスの住民たちは、キリストの聖体の祝日のミサをあげに来ていたヴォーシエンヌの司祭を路上で誘拐した。司祭を馬に縛りつけ、「カペーとそのひよっこたちの目の前でめった切りにしてやる」と悪態をついて、銃剣で刺し殺した。

夜七時、ブールソー近くのシェーヌ＝フォンデュの農場の前で、囚われ人たちは国民議会から派遣されて来た三人の委員に会う。ラ・トゥール・モブールが侍女たちの折りたたみ式幌付き二輪馬車に、バルナーヴとペティヨンがベルリン型馬車に身を寄せて乗りこんだ。バルナーヴが後ろの座席に王の隣に座り、王妃は王太子を膝に乗せた。ペティヨンは、向かい側のマダム・エリザベートとトゥルゼル夫人の間に座ったので、マダム・ロワイヤルはトゥルゼル夫人の脚の間に身をおいた。

最初は皆緊張していた。挑発的なペティヨンが言う。彼らの逃走のことはすべて知っていた、テュイルリーの近くで貸し馬車に乗ったことも。「御者はスウェーデン人で、名前は確か…」。その名前を思い出そうとしているふりをして、思い出させてくれるよう王妃に求めた。尊大で辛辣な皇帝たちの娘であるマリー・アントワネットは、自分には「貸し馬車の御者の名前を知る習慣など」ない、と言い返す。少しすると、雰囲気がなごんできた。「今朝はシャロンでミサに出ました」とマリー・アントワネットが相手を懐柔しようと話しかける。「宣誓聖職者のミサですけれど」。ペティヨンは、それは良いことだと言って「国王がお聴きになれるのは、そのようなミサだけですよ」と釘を刺した。

アントワーヌ・バルナーヴは、演説家として、また政治的指導者としての見事な才能で栄光に包まれた三〇歳、感じがよく、礼儀正しくて、一緒にいて楽しい人物だった。王妃の苦痛の中でも失われない品位に心を動かされ、彼女の苦悩に感じ入って、まだ三五歳という若さのこの女性にたちまち恋心をいだいた。驚くべきマリー・アントワネット！　どんな魔法を使って、この傷ついた美しい人は、旅と苦難に疲れた顔をし、王冠も宮廷の輝きもなしで、人の心に炎を燃やすことができたのだろう？　優しさや礼儀正しさ、この耐えがたい旅の間にかわされた、つつしみ深いため息が、のちに結果をもたらすことになる。

バルナーヴはこのときから王妃を救おうと力をつくすのだ。そして彼女と一緒に王政も。

それとは反対にペティヨンは、権威を笠にきて、王一家を侮辱しようと決め、わざと無作法にふるまった。カンパン夫人が語っている。「下品なやり方で食べて、飲んで、鶏の骨をドアから投げ捨てるので、それが王様の顔にぶつかりそうでした」。このシャルトルの弁護士は自分をアドニス［ギリシア神話。女神アフロディテに愛された美少年］だと思っていた。暑さ、狭さ、この狭い空間で心ならずも彼の目と出会ったエリザベートの優しい青い目が、このうぬぼれの強い人物に、二七歳の王の妹が自分の魅力に無関心ではないのだと思わせた。彼女がまどろんだとき、頭を彼の肩にもたせかけてしまったので、なおさらだった。

ベルリン型馬車はドルマンに二三日の夜一一時に到着。囚われ人の一行は、町長ジャン＝バティスト・トリュエが所有するルーヴル亭に泊まった。町長とその婿であるかつて高等法院の弁護士だったジャン・ランドリューは、筋金入りの王党派で、王に逃亡を提案した。彼らが王のために選んだ寝室にはテラスがあって、そこからマルヌ川に出ることができる。右岸のヴァンセルで、おおいのかかった荷馬車が待っていて、王とその家族をラ・

フェール＝アン＝タルドノア近くの農場まで運ぶだろう。そこからもう一軒の農家まで行けば、もうロクロアの国境だ。熱を帯びた目で、王妃はこの運命が差し伸べてくれた最後の救いの手にすがろうとした。ルイは拒否した。危険が多すぎる。

翌二四日、一行はシャトー＝ティエリーに一一時頃、そしてその三時間後にラ・フェルテ＝スー＝ジュアールに着き、そこから来た道を戻ることになった。あちこちから「国民万歳！」の声がわきおこったが、それはしだいに王妃とマダム・エリザベートにとって不愉快なものとなったようだ。

モーの司教館で一晩過ごしたのち、最後の旅程に入る。強烈な太陽の下、息をつまらせるような渦をまいて舞い上がるほこりと、国民衛兵が必死で抑えようとしていた憎悪に満ちた群衆の中を通る、もっとも過酷な旅だった。反対に馬車の中では、ペティヨンも落ち着いていた。旅仲間の「ゆったりした態度と家庭的な善良さに」ほとんど魅了されていたのだ。「幼い王子は二、三回おしっこをした。王みずからがズボンのボタンをはずして、大きな銀のボールのようなものにさせていた。バルナーヴも一度このボールをもった」と、ペティヨンが語っている。

## ついにパリ

暴漢や強盗が出没する危険な場所との評判があったボンディーの森の中で、国民衛兵と、馬車を襲ってその乗客たちひどい目に会わせようという、正気をなくした群衆との間に乱闘が発生した。パンタン近くなると、兵士たちは王妃をののしりはじめた。「あのあま」「あばずれトワネット」「子どもを見せてもむださ。でぶのルイの子じゃないことはみんな知っている！」

顔色も良く、めかしこんだラ・ファイエットは、満足げにモンソーの柵のところで待っていた。一行はそこで止まり、非常に喉が渇いていた王はグラス一杯のワインを一息で飲んだ。シャンゼリゼからのパリへの入市は、不気味な雰囲気につつまれた。ざわめくような沈黙、――時にそれを貫くような「国民万歳！」という叫びが聞こえる――が、人の海の上にただよっていた。屋根は黒く見えるほど、人でいっぱいだ。兵士と革命派が鈴なりになったベルリン型馬車は、その上に不運な三人の護衛を縛りつけていたが、熟れた麦の穂のように波うっている銃剣の原の真ん中で、ごく小さく見えた。張り紙が野次馬に警告していた。「王に喝采するものは棒で打たれ、侮辱するものは絞首刑になる」。ラ・ファイエットが全員に、王への厳しい非難を表明するため、帽子やかぶり物を頭からとらないように、と命じていた。大通りにならぶ国民衛兵は、埋葬のときのように銃床を上に向けている。こうした状況の中、どろどろと響く太鼓の連打の音がこの世の終わりを思わせた。

テュイルリーに到着したのは午後七時だった。書籍商のニコラ・リュオーが語るには「わたしは一行が正面の柱廊のところに降り立つのを見た。王妃は具合が悪そうで、部屋まで運び上げる必要があった。王は背中をまげ、首をすくめて馬車を降りた。すべての視線を避けていた」

少し気分が落ち着いたが、疲れ果てて、マリー・アントワネットは鏡を見た。髪がほとんど全部白くなっていた。

# 第9章　テュイルリー宮殿とパリ、政治的王妃の表明

（一七八九年一〇月六日から一七九二年八月一〇日）

セシル・ベルリ

革命まで、マリー・アントワネットにとってパリはいつもお祭りだった。パリの民衆がパンを要求し、「パン屋とその妻とパン屋の小僧」のパリへの帰還を獲得した一七八九年一〇月五日と六日のあと、王一家はテュイルリー宮殿に、いわば立てこもった。テュイルリー宮殿は王妃と王のいとこであり不倶戴天の敵でもあるオルレアン公の指導下にある、体制批判の温床、パレ=ロワイヤルの近くに位置する。この一七八九年秋、ここは荒れ果てた状態にあった。一〇月六日の夜遅く到着した王一家が見たのは、大部分が破損した、凍るように冷えきった宮殿だ。当時ルイ一六世の近習だったデゼック伯爵が「回想録」の中で証言する。「夜一〇時に宮廷は、宮殿という名に隠された、この牢獄に到着した。数時間でも、この広大なアパルトマンの準備ができたならと思われた。なにしろルイ一五世の子ども時代から温められていなかったのだし、まだメディシス時代の鉛の枠がついた彩色ガラスの格子窓なのだ」

## テュイルリー宮殿到着

何時間か前、マリー・アントワネットはあやういところで死をまぬがれていた。あっという間の出来事だった。一〇月六日のまだ夜のうち、暴徒の一団がヴェルサイユ宮殿の中に侵入し、王妃のアパルトマンの扉をこじ開けたのだ。王妃はあわてて目を覚まし、かろうじて王の儀式用寝室に避難する。ルイ一六世は七月から国民衛兵の司令官となっていたラ・ファイエットをともなって、大理石の中庭に張り出したバルコニーに姿を見せなければならなかった。武装した群衆はもう叫びやまない。「パリへ！　パリへ！　パリへ！」「わたしは妻と子どもたちをともなってパリへ行こう」と王は答える。彼は喝采を受ける。しかしながら、群衆は静まらない。マリー・アントワネットを要求していた。「いまいましいオーストリア女め」。今度は王妃がバルコニーに現れた。銃が彼女をねらった。深いていねいなお辞儀で、マリー・アントワネットはパリの民衆の信頼を勝ちえた。喝采が起こった。だがこれは短い休憩でしかなかった。

午後の早い時間、王一家は覆いつきの豪華な四輪馬車に乗りこみ、たびたび恐怖を感じさせる、興奮した不可解な群衆の海に浸された。パリへの旅は果てしなく続く。市庁舎訪問が急に決まり、そこで国王夫妻は最初のパリ市長バイイ［革命前は大商人の中から選ばれていたが、その最後の市長は民衆に殺害された」に迎えられる。マリー・アントワネットはおそらく、以後パリの民衆と革命派のきびしい監視の下で暮らすことを考えて、おそろしい思いをしていただろう。彼女は、王政と彼女が嫌悪し全面的に拒絶していたこの革命との間に始まった新しい力関係を意識していた。テュイルリーに到着して数時間後の一七八九年一〇月七日、子どもの頃から知っている忠実なオーストリア大使メルシー＝アルジャントー伯爵に手紙を書いた。「わたしは元気ですので、ご安心ください。わたしたちがどこにいるか、どうやってここに来たかを忘れて、民衆の動きには甘んじなければなりません。とくに今朝は。もしパンが不足さえしなければ、多くのことはまたうまく行くでしょう。民衆、民兵や市場の女性たちと話してみましたが、皆わたしに手を差し出してくれました。わたしの方も彼らに手を差し出しました。市庁舎の中では、個人的によくしていただきました。民衆は今朝、わたしたちにとどまるよう言ってくれました。わたしはご一緒していた王に代わって、わたしたちが残るかどうかは彼らしだいだと申しました。

憎しみが終わってくれること以上を望んではいないこと、少しでも血が流れれば、わたしたちは恐怖のため逃げ出すということも。一番近くにいた人々が、もう終わったから大丈夫だと誓いました。市場の女性たちには、わたしたちが今話したことを皆に伝えてほしいと言いました。お会いできないのは残念ですが、しばらくは今いらっしゃるところにとどまられるのがよろしいでしょう。では。わたしの変わらぬ敬意をあてになさってください」

## 王一家のテュイルリー入居

王一家は急遽この宮殿に住むことになった。この建物は、パリの中心にあって、ル・ノートルの作品である素晴らしい庭園に連結している。この宮殿は、一三世紀からあるルーヴルの延長として、古い瓦（テュイル）の建物の代わりに王妃カトリーヌ・ド・メディシスの提案で、ほぼ一六世紀の最後の四半世紀に建てられた。一六八二年五月にルイ一四世と宮廷がヴェルサイユ宮殿に移ってから、この宮殿はパリにおける王の公邸となった。くわえて、ルーヴル宮には、一七世紀末から、さまざまな王立アカデミーや芸術家とその工房が入っていた。

まずはアパルトマンからその居住者たちが出ていかなければならない。というのも、何年も前からテュイルリーは宮廷人たちのパリの仮の邸宅、あるいは一時的な邸宅として利用されていた。この強制退去の代わりに、彼らは高額な補償金を受け取った。次に、できるだけ早く、王一家のメンバーの間でアパルトマンの配分をするようにとの指示がある。宮殿の中で、召使いたちが掃除とかたづけをするために動きまわり、ひしめいた。王室家具保管係は、アパルトマンを整備するのに忙しく、もっとも混乱していた。さらには宮殿の庭園には群衆がびっしりと集まった。彼らは王一家を一目見たいと思い、あいさつし、監視し、支配しようとした。パリの住民たちは、何時間も庭とテラスを占領し、勝どきをあげた。

ルイ一六世は二階に部屋をとった。そのアパルトマンは、スイス衛兵の間、衛兵の間、控えの間、大寝室、閣議の間で構成される。マリー・アントワネットは一階にある、宮殿のテラスに面したアパルトマンに入った。そこには王妃の階段を通って行くことができる。このアパルトマンは衛兵の間、小姓の間、食器戸棚の間、食堂として使われる貴族の間、サロン、そして寝室で構成される。マリー・アントワネットは中二階に作られた、ブードワールや図書室のような数室の小部屋も使った。このアパルトマンの延長上に王は二室の小部屋をもったが、その一つは機械いじりや錠前の作業場に改装されることになる。

幼い王太子は「王妃のアパルトマン」に入る。そこには衛兵の間、控えの間、貴族の間、寝室、衣装部屋と数室の小部屋がある。王の寝室の上にある小さな中二階がマダム・ロワイヤルにあてられたが、そこはマリー・アントワネットが一七八三年から一七八四年頃に整えさせて、息抜きやパーティーのためパリへ出てきたときに泊まっていた小アパルトマンに連絡している。控えの間、寝室、小部屋、ブードワール、複数の衣装部屋をふくむこのアパルトマンも以後は、長女のものとなった。しかしながら、最初の頃王一家はある種の雑居生活を余儀なくされた。もちろん比較的ということだが。王妃、王、子どもたちは粗悪なベッドで我慢しなければならなかったし、随行した廷臣たちが眠るのに、粗末な椅子しかなかった。一七八九年一〇月一〇日、マリー・アントワネットがメルシー＝アルジャントーに書き送っている。「しかもわたしのところではだれにも会えません。上に小さな寝室があるだけですから。娘は隣の小部屋で、息子はわたしの大寝室で寝ています。窮屈ですが、子どもたちが近くにいるのはうれしいことですし、少なくともわたしが部屋で多くの人に会っているという疑いはかけられないでしょう」

王妹マダム・エリザベートは、フロール棟の二階に住んだ。王の叔母のマダムたち［ルイ一五世の娘たち三人のうちソフィーは一七八三年没、マダムは国王・王太子の娘に対する尊称］はマルサン棟で、マダム・アデライードは二階、マダム・ヴィクトワールは一階である。二人はイタリアへの逃亡を決意する一七九一年二月まで、ある程度の自由を享受していた。彼女たちの愛しいベルビュ城［一七五〇年ポンパドゥール夫人のために建てられ、ルイ一五世崩御後、王の叔母たちに譲られた。現在、建物はない］に定期的に滞在することもできたからだ。

ムッシューとマダム［国王のすぐ下の弟とその妃の尊称］プロヴァンス伯は、リュクサンブール宮殿に住んだ。ルイ一六世の次に生まれた彼の革命との関係は、兄のものとはかなり異なった。改革主義者として、この不可避の政治的歩みを認め、自分がつねに軽く見ていた兄王にとって代わりたいと望んでいた。そこで、プロヴァンス伯とマリー・アントワネットは正面切って反目しあった。テュイルリーとリュクサンブールの間の緊張と反感は、ほとんど隠されることもなかった。

## 王家のアパルトマンの改修

これらの住居を住めるように、さらには快適にするには数週間かかるだろう。広く受け入れられている思い込みとは違って、革命は王一家に対して敬意を払うと同時に寛大だった。一七八九年一一月から、宮殿から二〇〇メートルのところにあるサル・デュ・マネージュ［テュイルリーの庭園にあったルイ一五世のための調馬場。一七八九—一七九八議場となった］に居を構えた国民議会は、約八〇〇人の労働者を派遣し、二カ月で二八万リーヴルを出費して、王一家の住まいをととのえる。さらに貴重な、あるいは通常の家具、工芸品、タペストリー、カーテン、書物の、ヴェルサイユあるいはショワジーのような王宮とテュイルリー宮殿の間の運搬も組織された。室内装飾、とくに天井は大部分が、ルイ一四世が好きだった画家ルブランの作品だった。そこで宮殿の内部には、以後二つのスタイルが共存することになる。太陽王の時代のものと、ルイ一六世治下で生まれた新古典主義で、後者はマリー・アントワネットが芸術家や職人をひいきにすることで大きく貢献したが、非常に洗練された古代風のラインを明確にしたスタイルだった。

テュイルリー宮で過ごした三年の間、マリー・アントワネットとルイ一六世は、一七九一年六月にヴァレンヌで中断した逃避行の後もふくんで、それぞれのアパルトマンの改修を要求し、かなえられている。王一家がサン＝クルー城［パリの西約五キロ、ルイ一六世が一七八五年マリー＝アントワネットのために手に入れた。現在は城跡が公園になっている］で過ごした一七九〇年の夏の間に、王妃の寝室はすっかり、しかも贅沢に改修された。壁は完全に北京ブルーと銀色でおおわれた。金箔が修理されたベッドと椅子は、ヴェルサイユのスウェーデン王グスタフ三世の寝室のために用意された調度品の中からきている。ベッドにはランタンと反復打ち時計［三〇分ごとなどに時を知らせる］を吊るすための自在鉤が興を添えた。寝室には他にも白い大理石が貼られた整理ダンス、上部を開くと机になり、下部が収納キャビネットになったライティングデスク、つやのある灰色の寄木細工の木製化粧台が置かれたが、どれもが金めっきのブロンズで補強されている。さらにマホガニーの書架、一対の壁燭台、二台の金めっき仕上げのブロンズ製枝つき大燭台がそれらを補完した。

ヴァレンヌ以後、王妃のアパルトマンの中では、お供のサロンが青、灰色、白の浮き彫り風の西洋緞子（ダマ）で改装され、キュクロプス［一つ目の巨人］とライオンの頭をかたどったロザース［円形の飾り］で装飾された。洗練された贅沢な調度にくわえて、引き出しがついたマホガニーの丸テーブル、その上部には四つの書類用引き出しと銀めっきされた銅の筆記具一式があった。これはマリー・アントワネットがテュイルリーでした最初の活動が、非常に多くの手紙を書くことだったのを思い出させる。ルイ一六世はもう少し簡素に自分の小部屋を整える。地理学の部屋（彼は地図作製にたいへん興味があった）にしろ、窓枠を利用した小さな部屋にしろ、彼はそこに逃げ込むのを好んだ。ヴァレンヌの屈辱的な出来事の後はとくにそうだった。ルーセル・デピナル［作家一七五八―一八一五］によると、「王は午後ここで、一時間ほど午睡を取られた。そしてよく、こちらは見られることなく庭園を通る人を観察したり、窓の下を通る人たちの話に耳を傾けたり、なさっていた」

一七八九年七月一四日のバスティーユ監獄攻略に続くポリニャック夫人の亡命の後、王の子どもたちの養育係となったトゥルゼル公爵夫人の回想録を読むと、宮殿の中に数多くの階段が作られていたことがわかる。これらのおかげで、王一家は国民衛兵に知られることなく各階を行き来することができた。テュイルリーの宮殿と庭園は、王一家の各人の安全とともに国民衛兵にゆだねられていたのだ。たとえばマリー・アントワネットが移動するときは、大隊の指揮官があとを追った。この安全措置は単に拘束するという意味合いのものではなかった。それどころか、革命派が、王党派の王一家をつれ出そうという陰謀をおそれるのは当然として、ひそかに組織された民衆の暴動が起って、彼らの身体が危険にさらされることも同じだけ恐れられていたのだ。そこで、庭園に入ることは――宮殿内へはもっと――非常に制限されていた。正午前、議員と身元確認証を携帯している人だけが、庭園の中を歩くことができた。また、子どもたちが自由に遊べるように、囲い網で区切って遊具――ビリヤードや鳥小屋――をそなえた小さな場所が宮殿のテラス近くに設けられた。

## 革命の囚人？

一時期、ルイ一六世とマリー・アントワネットはテュイルリー宮の非常に野心的な改修プランを検討したことがある。しかしそのプランは、そのような工事にかかる費用の点と、なにより政治的な状況によって、すぐに放棄された。国王夫妻と革命勢力との間の緊張が増し、激化していたのだ。パリでは、王妃と王は自分たちの身が安全であるとは感じられず、自分たちを囚人のようだとさえ考えていた。パリの民衆の監視から逃れるため、宮殿の中に閉じこもって暮らしがちだった。一七九〇年の間、ルイ一六世が憲法制定議会の議員たちに会いに議会へ行くことはまれだった。七月一四日、王と王妃は、シャン・ド・マルス広場で開催され、少なくとも四〇万人のパリ住民と一〇万人を超えるフランス各地からの参加代表者が集まる、市民連盟際に参加することを考えるだけでふるえた。だが、彼らは二人揃って歓呼して迎えられ、ルイ一六世は国民に誓いを立てる。そしてマリー・アントワネットは王太子を腕に抱いて叫ぶ。「ここにいるわたしの息子も、わたしと同様、同じ気持ちに結ばれております」

とはいえ、王妃と王のこの「革命の囚人」というイメージは、少なくとも一七九一年六月の中断されたヴァレンヌ逃避行まではふくみを持たせて考える必要がある。王一家は馬車でパリの街を散策していたし、アンファン・トルーヴェ［捨て子の意味で、恵まれない子どもの施設だったが、一六七〇年から一般の病院になっていた。現在はない］などの病院も訪問していた。しばらくは、ミラボーのような議員の勧めで、マリー・アントワネットがオペラに出かける夜もあった。しかし数週間たつうちに、王妃に対立する沈黙していた中立派が、はっきりした敵意を示すようになった。彼女が現れると、もはや歓呼するのではなく、口笛でやじったり罵声をあびせたりする。劇場に出かけるのをあきらめ、テュイルリーでの催しもやめた。子どもたちと、またまれには王とともに庭園を散歩し、やはりそこを散歩しているパリの人々と会話を結ぼうと、あるいは会話をとりもどそうと試みた。緊張が先鋭化するにつれて、この外気の中で過ごす時間も、最初は間をあけるようになり、やがて断念した。彼女は野次馬の批判の声、口汚い女たちの無作法、庭園内でますます数をましている群衆の罵声を恐れた。ここでも王国の他の地でと同様、群衆は政治化していた。

ルイ一六世のほうは、まだかなり人気があり、彼がどう不満を言おうと、自由もあった。一七九〇年だけで、四一回庭園を徒歩で、三回パリの街を馬車で散策し、五七回馬に乗り、情熱を傾けていた身体活動である狩りには三〇回近く出かけている。国民議会は国王夫妻の、夏をサン゠クルー城で過ごしたい、という要求も受け入れている。マリー・アントワネットが一七九〇年七月三日早朝、ミラボーと、ルイ一六世も同席して極秘のうちに会ったのはこの宮殿の庭園においてだった。国王夫妻には、彼らの目に革命と映るこの「奔流」から王政を守ることが問題だった。

テュイルリー宮殿において、エティケットは王一家の日常の暮らしに控えめな規律をあたえるものとなる。日曜日と火曜日にディアーヌの回廊で催される大膳式だけが、家族の時間の妨げだった。さらには、バスティーユ奪取以降、宮廷は空想上のものだったかと思わせるほど空になっていた。その上、公式儀礼も非常に簡単になった。マリー・アントワネットの日課は決まりきったものとなる。起きると、王妃は一人で朝食（デジュネ）をとる。そのあと、子どもたちに会って、勉強の様子をみた。ルイ一六世にならって、王太子とマダム・ロワイヤルが書き方、読み方、歴史、地理、ラテン語の授業を受けるのを見守った。息子のルイ＝シャルル、「シュードダムール（かわいいおチビちゃん）」はとても満足して、無邪気にテュイルリーのほうがヴェルサイユよりいいというほどだった。「だっていつもお父様やお母様と一緒だもの」。それから王妃は、パラティーヌ礼拝堂のミサに出席する。そのあとは自分の小部屋に戻ってなにかしらする。針仕事（刺繍やつづれ織り）、読書（ヴェルサイユから図書室の四〇〇〇冊ほどの蔵書を運ばせたのではなかったか？）、書き物（しばしば特殊なインクや暗号を使って書かれた真剣な非公式の手紙）など。文通の相手――フェルセン、メルシー＝アルジャントー、神聖ローマ皇帝ヨーゼフ二世、レオポルト二世、フランツ二世、プロヴァンス伯やポリニャック公爵夫人のような亡命者たち――は大部分が国境の外にいた。彼女は彼らに、政治状況とその問題点について書き送った。彼女は国を裏切る危険を冒して、フランス軍の悲劇的な状況、そしてとりわけ戦闘計画について書いた。王政を救うために、自分の子どもたち、そして自分自身を救うために書いた。

午後一時、昼食（ディネ）のために王、長女「真面目なムスリーヌ」、マダム・エリザベートが宮殿の一階の王妃のアパルトマンにある食堂に集まる。食事の後、ルイ一六世とマリー・アントワネットはビリヤードの試合をする。残りの午後の時間は、それぞれが自分の部屋に戻り、夜食（スーペ）の時間である午後八時まで自分の時間をすごす。午後一一時には、お休みの挨拶をかわす。要するに、非常に家庭的な、貴族というより典型的ブルジョワに近い暮らしである。単調で、規則正しく、ほぼ儀式化したような生活は、あらゆる瞬間にすべてがひっくり返る可能性のあるこの革命の時期にあって、心を落ち着かせるものでもあった。政治結社の圧力はたえず増大し、議会内には分裂が起こり、とくにサン＝キュロットのような民衆勢力はますます統制不能になっていたからだ。マダム・エリザベートはルイ一六世と同様、恐怖心を抑えるため、信仰にうちこんだ。

テュイルリーにおいてもっとも活動的だったのは、あきらめなかったのは、恐怖とともに生きるすべを学んだのは、マリー・アントワネットだった。彼女に対する敵意は容赦なかった。集団の理性に反する憎しみがあらゆる悪徳を糾弾した。彼女はフランス人の血と財産を飲み込んでいる、オーストリア委員会というものがあって、テュイルリーの小部屋から、フランスを消失させ、すべての革命派を抹殺することを画策している、革命の敵も味方もなく愛人、女友達、召使いを性的に消耗させている。あらゆる点で怪物である。庭園内でわめかれ、毎日耳に入ってくる小唄や怒号、脅迫にくわえて、宮殿のテラスに面した窓のところで、信じられないほど暴力的なパンフレットを見ることになる。それを読めば、こうした政治的文書が、いかに人をおとしめ、さらにはそこなおうとしているかわかる。『テラス・ナシオナル近くのテュイルリーにできた、生きた動物のいる王室動物園の記述、名前、性質、色、特性』は、おそらく一七九一年六月の中断されたヴァレンヌ逃亡の出来事の後に書かれたものだが、その中でマリー・アントワネットは動物にされている。

「拒否権王（ヴェト）［ルイ一六世］の雌はオーストリアのウィーンの皇后マリア＝テレジアの衣装部屋で見つかった怪物。王冠をかぶったこの雌猿はおそらく自然に反した欲求をもっていた。たぶん、虎か熊と交尾してマリー・アントワネットを生んだ。（…）最近、娼婦が一人、市民を侮辱したかどで六カ月の監獄病院送りとなった。マリー・アントワネットがふさわしい判決を受けるなら、サルペトリエール病院の中で自分にぴったりの仲間を見つけるだろう。ヴェトの雌は大型で、醜く、しわだらけで、ぽんこつで、色あせて、忌わしくて、おぞましい。だが国がその暴君に餌をやるというバカをしたために、それはフランスの金銭を食い、フランス人を一人また一人と食いつくすのを楽しみにしている」

## 革命に向かい合うマリー・アントワネットとルイ一六世

一七九一年は国王夫妻と革命勢力が仲たがいした年である。緊張が蓄積し、テュイルリー宮殿でそれが明確な形をとった。二月二八日、国民衛兵は、王政に忠実で、王とその家族を奪取する計画があったと思われる三〇〇人の貴族から武器を取り上げた。四月一七日国王夫妻はパラティーヌ礼拝堂で、宣誓を拒否した司祭、つまり一七九〇年七月に可決された聖職者民事基本法に対する宣誓を拒否した司祭、によるミサに出席した。ミサのあと、精鋭兵たちは抗議の印に、捧げ銃をするのも、王と王妃が通過する際の表敬の列を作るのも拒絶した。翌一八日、王一家がサン＝クルー城に行こうとすると、群衆が「親王の中庭」にあった覆いつきの豪華な四輪馬車の出発を妨害した。国民衛兵司令官ラ・ファイエットとパリ市長バイイの介入もむだだった。王一家はこの旅を断念し、アパルトマンに戻った。マリー・アントワネットは、彼女が嫌っているのと同じくらい軽蔑もしているラ・ファイエットに言ったという。「わたしたちがもはや自由ではないことを認めなさい」。ルイ一六世が逃亡して、実力行使して革命をくつがえすため軍隊が集合することになっている、東の国境まで行くことを決意したのはこの屈辱のあとだったようだ。

マリー・アントワネットとフェルセンが準備した逃亡計画は、六月二〇日の夜に始まった。翌日、王であることが発覚し、家族とともにヴァレンヌ＝アン＝アルゴンヌで足止めされる。王一家は六月二五日テュイルリー宮殿に戻った。ルイ一六世を失墜させて共和国をうちたてるという、世論を味方につけつつあった考えをくいとめるため、国民議会は逃亡を誘拐といつわることにする。いずれにせよ、ヴァレンヌ以降、王一家は宮殿内に閉じこもって暮らすようになった。王は強制されて、九月一四日議会へ赴き、憲法に宣誓する。一八日、王妃とともに憲法を祝う祝賀行事に参加する。この催事のため、テュイルリーの宮殿と庭園は一晩中ライトアップされた。三〇日、ふたたび議会で、ルイ一六世は憲法制定議会の終了を宣言する。そしてその数日後、立法議会開催の勅令を読みあげる。

しかしだからといって、緊張がやわらぐことはなかった。パリの民衆はもはや君主になんの信頼もおいていなかった。敵意と反感に満ちた群衆が、王一家がほんとうにテュイルリーにいるか、また逃げたのではないかと定期的に確かめに来た。革命勢力をあざむくため、マリー・アントワネットはヴァレンヌからの帰還以来、議員のバルナーヴとかなり熱心に手紙のやり取りをしていて、これは王も同意していた。バルナーヴは、王一家をパリまで護送する任務にあった三人の議員の一人だったが、ぎゅうづめのベルリン型馬車の、息苦しいほどの暑さの中で、国王夫妻のありのままの人柄を見た。果てしなく思われる道の途中、一貫して口笛を吹かれ、ののしられ、殺すとおどされつづけたが、なかでもマリー・アントワネットが一番だった。バルナーヴはそれにもくじけない勇敢な女性をみた。

彼は、立憲君主制を受け入れる条件で王政を守るために、採用すべき駆け引きに役立つのでは、と王妃に革命を説明することを申し出た。王妃は彼の手紙に返事を書き、的確な質問をし、熱心に学ぶ態度をみせた。しかしながら、これだけの革命教育にもかかわらず、王妃は憎悪する革命を理解することができない。国民の名において、オーストリアに宣戦布告する決意を王にうながした。王は一七九二年四月二〇日、議会で「ボヘミアとハンガリーに対して」宣戦布告する。王妃にとって今や、革命と戦わなければならないのは血筋ゆえだった。

同時に、ルイ一六世は、マリー・アントワネットの同意にもとづいて、宣誓拒否司祭の国外追放と、首都を守る二万人の連盟兵による基地創設に反対する。テュイルリー宮殿の中で国王夫妻は、自分たちに対する憎しみが増しているのを、テラスのところで革命の歌を歌い出すいくつものグループや、宮殿の門に一面に貼られたパンフレットで推測していた。一七九二年六月二〇日には、数千人のサン＝キュロットが庭園に侵入した。国民衛兵が介入しないのにくわえて、一人の砲手が音頭をとって、クール・ロワイヤルの門を開く。数分のうちに、槍や鉄砲で武装したサン＝キュロットが中庭になだれ込み、中央棟の階段を二階までよじのぼり、「スイス衛兵の間」に入りこんだ。ルイ一六世は反乱者たちの前に出ることを決意する。妹のマダム・エリザベート、大臣二人、数人の役人や精鋭兵とともに、牛眼の間に立ちつくしていると、群衆がそこに集まった。サン＝キュロットは王に、その他の決定とともに連盟兵基地の創設を承認するよう要求したが、王はゆずらない。それでも、フリジア帽［革命派が自由の象徴として被った赤い縁なし帽］をかぶり、「国民の健康のために」らっぱ飲みすることは受け入れた。

デモの参加者たちがやっと解散する気になったのは、新パリ市長ペティヨンが介入してからの、夕方六時ごろだった。彼らはフロール棟の階段を使って、宮殿の一階に到達した。閣議の間を通ったが、そこで唖然とし、かつ復讐心に燃えながら、ビリヤード台の後ろにかくまわれていたマリー・アントワネットと王太子を発見する。サン＝キュロットたちは、二時間もかけて、王妃の前に列を作り、しげしげと見、じっくり観察し、罵った。夜八時、人々はやっと宮殿から出ていった。その後の数時間のうちに、彼女はフェルセンに書いた。「（略）わたしのことであまりお苦しみにならないで。いつも勇気が圧倒しますから。（中略）これ以上書けません。さようなら。もしできるなら、わたしたちの解放のための救助を急いでください。まだ生きていますが、二〇日は恐ろしい日でした。わたしを憎むだけでなく夫の命までねらっているのです。彼らはもうそれを隠そうともしません。夫は毅然として勇気ある態度でいたので、人々は今のところそれに気圧されましたが、危険はいつまたぶり返すかわかりません。わたしたちのことがあなたのお耳に届きますように。では、わたしたちのことはご心配なさらずに、ご自愛ください」

## 一七九二年八月一〇日王政崩壊

一七九二年七月の終わりに、王一家に少しでも危害がくわえられるならパリに見せしめの罰をくわえるとする、ブラウンシュヴァイク公爵の宣言が発せられると、パリ市民の敵意は倍加する。パリの各自治区(セクション)［四八あった］は立法議会に、国王の廃位の宣言を要求した。八月の初め、宮殿の近辺で衝突が多発した。八月一〇日の深夜フォーブール・サン＝タントワーヌから半鐘が鳴らされた。四〇〇〇人の国民衛兵が 宮殿とその周辺の防衛を担当する。朝五時頃、完全に打ちのめされたルイ一六世は部隊、とくにディアーヌの回廊に配置された二〇〇人の武官を閲兵する。国民衛兵の中からは、数十人の離脱者が出ていた。彼らは真っ黒に人だかりしているカルーゼル広場［宮殿前の広場］に合流した。連盟兵の群れが、「廃位！　廃位！」と叫びながら庭園や宮殿のテラスに侵入した。パリ県執行部総代表のレドレールが王の寝室に入ったが、そこにはとりみだした様子の王が家族、大臣、ランバル公妃、トゥルゼル公爵夫人らとともにいた。総代表はルイ一六世に、家族とともに安全な場所へ移るよう命じる。マリー・アントワネットはそれに対し頑として抵抗する。彼女は最後の戦いを続けるのを望んでいた。王は王政が転覆されようとしているのを理解して、その戦いが流血の中で行われるという考えを拒否した。

王一家は大アパルトマンを通り抜けて、これを最後に、大階段を降りる。三〇〇人のスイス兵と国民衛兵が、議会まで護衛するため、宮殿のテラスで待っていた。議会では議員の代表団に迎えられる。少しして、立法議会の扉がふたたび閉じられた。王一家は議会速記者の詰め所に入れられる。そこから数時間、たえまない砲弾の音と叫び声を聞いた。テュイルリーは八〇〇人のスイス兵と二〇〇人の武官、一〇〇〇人の近衛騎兵、一〇〇人の精鋭兵が守っていた。小さな紙切れにルイ一六世が書きなぐる。「王はスイス兵に命じる。ただちに武器を捨て、兵舎に戻るように」。だが時すでに遅かった。

戦闘は午後いっぱい激しく続いた。まさに血の海となった。数百の遺体が地面を埋めつくした。全部で一〇〇〇人の死者が出たのだ。王家のアパルトマンは掠奪され、荒らされた。そのことをルーセル・デピナルが、一八〇二年に出版した回想録の中で証言している。「わたしはロワイヤル橋の門からテュイルリーに到着した。宮殿の壁が銃弾で穴だらけになっているのが見えた。ガラスを砕くガチャンガチャンという音が、あらゆる方向から聞こえる。（…）おびただしい数の磁器の壺の破片の上を歩いていくと、楽しげで鮮やかな色のカップが、金色の燭台と一緒に床にころがっている。大きな鏡が落ちてくるのも見た。（…）シャンデリア、天井画、ルブランやパオロ・ヴェネローゼ［ルネサンス期イタリアの画家］の絵画は敬意を払われている。（…）閣議の間はなにもかもがひっくり返されている。ビリヤードの間も同じ混乱状態だ。回廊は略奪に遭った野営地のような光景となっている。（…）すべてが終わったのは五時近かった。わたしは、貴重品狙いのこそ泥が一人や二人ではすみそうにない夜を待ちたくなかった。フロール棟の階段を降りたが、そこでは、どの段にも、酔いつぶれて、死体の隣で寝込んでいる男たちを見た」

フランスにはもう王政は存在しない。王も王妃もいなくなった。テュイルリー宮殿は八月一一日に封印された。調査が始まり、その間ルイ一六世のアパルトマンとマリー・アントワネットのアパルトマンは一つ一つ順を追って丹念に調べられた。そこでは、七〇〇件を超える記録書類が入った鉄製の戸棚が発見されたが、そのうちの何件かは、同じ頃タンプル塔に拘禁されていた王一家を危険にさらしかねないという以上のものだった。一七九二年九月二〇日、立法議会の議員たちはテュイルリーに集まり、そこに国民公会の議場を設置することを決定する。国民公会が翌日宣言され、これが第一共和制を創設する。政体の変化のままに、テュイルリー宮殿は、一九世紀を通して、皇帝や王の住まいとなる。パリ・コミューン［一八七一年三月一八日から五月二八日の自治政権］の際、火事になり、その焼け跡は一八八三年に解体された。マリー・アントワネットとその家族にとって不幸な場所となったテュイルリーが、今日いささか忘れ去られている理由の大半はそのことが説明するだろう。だがそれとは矛盾するように、王妃はここで政治的立場を明確にし、二枚舌ではあったが、気丈に自分の役割を果たしたのだった。

第10章

# 最後から二番目に身を置いた場所——タンプル塔のマリー・アントワネット

シャルル＝エロワ・ヴィアル

二世紀以上前から、そびえたつタンプル塔のシルエットは、マリー・アントワネットの思い出と一七九二年八月一〇日の王政崩壊以後の王一家に用意されていた悲しい運命の記憶に結びついている。しかしながら、正確には一〇か月と二一日この陰鬱な塔に幽閉されて過ごした王妃の生活については、十分に知られているどころか、多くの闇の部分がある。この建物は現存せず、家具も散逸したので、人々の証言と博物館に保存されているわずかに残された物のような資料からだけしか、王一家とその看守の日常生活をうかがうことができない。この幽閉がどんなものであったかを知ることは、一九世紀にロマン主義者や王党派のイメージにとりつく前にも、同時代人をふるいたたせた。「一七九五～九九の総裁政府によって」一七九六年に国立の牢獄となったこの塔には、ナポレオンの命令によって一八〇八年に閉鎖されるまで、その後多くの著名人が収容された。塔はその三年後に解体される。王政復古で、思い出の庭園として整備されたが、第二帝政時代の一八五七年、パリ三区の区役所に向かいあう小公園スクウェア・デュ・タンプルに場所をゆずった。今日、ルイ一六世とマリー・アントワネットの牢獄の正確な場所はほとんど忘れられ、ただ、近所の子どもたちが今もなお、幼いルイ一七世が母の優しい眼差しに守られて輪まわしをして遊んでいた場所で、遊んでいる。

## 忘れられた塔

王一家の拘禁にかんする記憶は、まだ小さかったマリー＝テレーズの日記、侍従だったユーやクレリーやテュルジーの回想録、それにくわえてもちろん、シャルル・ゴレ［コミューンの警備隊員］あるいはジャック＝フランソワ・ルピートル［コミューンの理事会メンバー］のような、晩年になって書かれたタンプル塔の看守の回想記などの有名な証言がもたらした、痛苦に価値を見出すような、王党派の、美化しすぎた伝記によって長い間隠されたままだった。

ところが、われわれが手に入れた文献によると、タンプル塔には毎日大勢が出入りしていたことがわかる。孤独な牢獄に閉じ込められていたどころか、マリー・アントワネットはかつての臣下たちと、しょっちゅう顔を合わせていた。王一家を監視するためにもちいられた手段は相当なものだった。牢獄の監視と日常的な用務のために雇われた二〇〇人近い人員には、かなりの費用がかかるため、五〇万リーヴルの予算が一七九二年八月から一七九三年八月にかけての工事費、人件費、食費にあてられ、さらに毎月の運用のため、約五万リーヴルの予算が設けられた。この出費には、食料の不正取引、あらゆる種類の金銭の横領が隠れていて、道徳心のない職員たちが大いに私腹をこやしていた。とくにタンプルは当時のパリの中で、中心的な役割を果たしていた。かわるがわる、牢獄は革命裁判所検察官には口実として言及され、ジャコバン・クラブあるいは国民公会の演壇ではおどしとしてふりかざされ、何百もの新聞記事のタネとなり、また王党派あるいは外国の諜報員にさぐられ、その間も何度となく、群衆の攻撃の対象となっていた。すでに世論から嫌われていたマリー・アントワネットはついにそこでやむをえず、彼女の最後の政治的役割を演じはじめる。革命のスケープゴートという役割である。

文献や証言によって、革命勢力が王妃とその家族を監視するためにとった刑務所システムの、信じられないほどの複雑さが次々に明らかになっている。王一家の拘禁の条件は、一七九二年から一七九三年にかけて悪化する一方だった。この王妃の人生の最後から二番目の段階について、非常に多くのことが書かれたが、革命を誹謗する人々の間でも賛美する人々の間でも、この時代の数多くの行為者に、後になっての悔恨や無念さとして感じられている。

## 王権消滅

タンプル塔でのマリー・アントワネットの心情は、幽閉の原因にたちもどらなければ理解できない。一七九一年六月のヴァレンヌ逃亡以来、王妃はテュイルリー宮殿に引きこもったが、もはや死の宣告を受けたようなものだった。一七九一年九月、立憲君主制の施行を受け入れたルイ一六世は、政敵であるジャコバンと同盟を結んで議会政治をおこなうふりをし、ジャコバンは一七九二年四月のオーストリアに対する宣戦布告のとき彼を支持したのだった。ほんとうのところ、王はフランスができるだけ早く戦争に負けることを望んでいたが、彼の人気がおとろえフランス軍にとっての壊滅的な戦闘が数週間続くと、駆け引きが次第に明らかになった。すぐに、フランス参謀部の作戦を敵に伝えていたとして、マリー・アントワネットが糾弾された。

六月二〇日、パリの住民たちは一度テュイルリー宮殿に侵入して、国王夫妻を侮辱したが、王政を終わらせることはなかった。だがオーストリア軍司令官ブラウンシュヴァイク公爵による、もし王と王妃が害されるようなことがあれば、パリは戦火と流血の場と化すだろうと脅迫する宣言が発せられ、心ならずも火薬に火をつけることになった。八月九日には蜂起コミューンが組織される。その夜、テュイルリー宮殿は何万人ものパリの民衆にとり囲まれた。一〇日の朝、ルイ一六世は立法議会へ避難するようにという勧告に従う。自分の世界が周囲でくずれていくのを見て、王妃は、証人の語るところによると、「王の手を握り、目に近づけて涙でぬらしたが、王もそれに答えた。王太子も姉の王女も泣いた。それを見ていて目をぬぐわずにいた者は一人もいなかったと思う」。その後続いて起こったテュイルリーの略奪はすさまじかった。およそ六〇〇人のスイス兵が殺され、数多くの召使いや廷臣も、生きたまま焼かれ、ずたずたに切り刻まれ、息の根をとめられた。この虐殺は王政の終わりの前兆であり、王一家にとっては地獄への長い下り坂の始まりだった。

## 消された君主たち

午後、議員たちは臨時政府を樹立するのに、ルイ一六世を「のけ者」にすることで意見が一致した。彼らに対して、パリの四二セクションのサン゠キュロットは、新しい市庁舎の中にパリ市長ペティヨン、検察官ショーメットあるいはその助手エベールのような庶民的な人物たちによって指揮される蜂起のコミューンを再編成したところだった。つまり、議員たちは議会と敵対することも十分ありうる、特別に暴力的で強い権利要求をもった新しい組織に向きあわなければならなかった。議員たちの最初の心配は、失墜のまきぞえにされないよう、王をやっかいばらいしなければということだった。

八月一〇日から一三日の間、マリー・アントワネット、ルイ一六世、王妹エリザベート、まだごく若いマリー゠テレーズと幼い王太子［一三歳と七歳］は立法議会の事務所で待たなければならなかった。ランバル公妃や、子どもたちの養育係であり、一七歳になる娘ポーリーヌをともなったルイーズ゠エリザベート・ド・トゥルゼルをはじめ、テュイルリーの難をのがれた数人の廷臣たちが、勇敢にも王一家につきそった。たしかに親しい顔ぶれは安心させるものだったが、彼らと一緒に空いているいくつかの部屋につめこまれることになり、雑居と隔離の初めての経験となった。王一家の監視はまもなく立法議会からコミューンの手にわたる。王政は一時停止し、ルイ一六世とその家族は以後、人質と考えられる――彼らの命はフランスに敵対する同盟国にとってはなはだしく重要だったからだ。したがって、たとえ反革命をあおることが疑われるとしても、道義にかなった扱いをしなければならない。だが、彼らをこれからどうすれば良いのだろう？　議員たちは王一家の居場所として、リュクサンブール宮殿またはヴァンドーム広場の法務省を考えはじめていたが、コミューンはタンプル塔を選んだ。だから王一家の拘禁は確執から始まったのだった。

当時、パリの人々はだれでもタンプルの囲いを知っていた。古い壁に囲まれたまさに町で、そのおよそ四〇〇〇人の住民は何世紀にもわたって、税制上、司法上の多くの例外を認める治外法権を享受していた。教会、ドンジョン（塔）、クロイスター（修道者の居住地域）、修道院が栄えある過去の歴史、テンプル騎士団と、その後のホスピタル騎士団［聖ヨハネ慈善修道会］の遺産を語っていたが、これらはフランス王の庇護を受けたものだった。一七八九年にいたるまでほぼ独立国のようだったこの小さな公国、この囲いはフランス修道会院長（マルタ騎士団総副長）が統治していたが、当時、ルイ一六世はこの名誉の称号を、甥のアングレーム公、一七七五年生まれのアルトワ伯の長男にあたえていた。王弟アルトワ伯は、国外に脱出するまで修道会院長の贅沢な邸宅で暮らしていた。そこなら王一家の地位にふさわしいはずだった。

だが、コミューンにはルイ一六世とマリー・アントワネットを贅沢な邸宅に住まわせる気がまったくなかった。公式には安全のため、非公式には侮辱するため、サン＝キュロットは王一家の住居として、その近くにそびえたつ、半ば廃墟となった古い塔を選んだ。この中世の遺跡は長い間牢獄に使われていたので、革命派の王政を終わらせたいという願望の象徴として、この「王国の監獄」以上のものは考えられなかった。タンプル塔は、その巡回路が頂上に達するまで五〇メートル以上、四本の小塔に囲まれた正方形の石造りで、一三世紀にテンプル騎士団［フランス語でタンプリエ］の財宝を守るために建設された。一三一二年に騎士団が解体された後、ホスピタル騎士団のものになるまでの短期間、フィリップ［四世］端麗王が住んだ。一五世紀には北面に隣接して、二番目の建物、大塔よりやや低い小塔がくわわった。中世末期から、どちらの塔も牢獄として利用されたが、フロンドの乱の時期には火薬庫や駐屯地にもなった。啓蒙の時代、これらの建物はほとんど顧みられることがなかった。

## 陰険な茶番劇

八月一三日月曜日の午後、ペティヨンがやってきて、王と王妃にコミューンの理事会が、一家のタンプルへの移送を決定したことを知らせたが、細かいことまでは言わなかった。しかしながら側近をつれていくことは禁じられているという。長い押し問答の末、王は側近のうちやっと数人を手元にとどめることができた。シャミィイーは寝室付き従僕として、一方ユーは、王太子の世話係として許可された。王妃のほうは、四人の寝室付き女官バジール夫人、ド・ナヴァール夫人、ティボー夫人、サン＝ブリス夫人とランバル公妃、トゥルゼル夫人とその娘ポーリーヌをつれていくことができることになった。四人のテュイルリーの給仕係も台所で働きつづけることができる。

夕暮れにタンプルに到着したが、マリー・アントワネットにとってだけはここが懐かしい場所だった。一七七六年冬、ここを手に入れたばかりのアルトワ伯を訪ねるため、ヴェルサイユからソリを走らせて来たことがあったのだ。一七八一年にも、最初の王太子の誕生を祝うためノートル・ダムで感謝の祈りを捧げたあと、ふたたびここを訪れている。トゥルゼル夫人によると、元ビール醸造業者で国民衛兵の指揮官になっていたサンテールに迎えられた王一家は、まず、大邸宅の中庭が、まるで彼らを祝宴に迎えるかのように、紙提灯で照明されているのを見た。午後のもっと早い時間に、コミューンでは申し訳程度の議論がおこなわれた。ペティヨンは最終的に、王が塔に住むのか、それとも修道会院長の邸宅に住むのか知りたいと思っていた。議員たちはすでに「中世の建物」のほうを選んでいたが、王と王妃に自分たちが王侯にふさわしい邸宅に住むことになるのだと信じさせる、という残酷な仕打ちがだれのアイディアかは誰も知らなかった。とにかく、この侮辱的な茶番は周到に準備された。

アパルトマンは一七八九年以前のように修復されていた。子ども時代のモーツァルトが演奏をしたという、有名な「四つの鏡の間」には明かりが煌々と輝き、肘掛け椅子や長椅子のおおいもとりのぞかれていた。建築家ブーレのデザインで、高級家具師ジョルジュ・ジャコブに依頼された贅沢なトルコ風家具である。広間の一つには素晴らしい晩餐が用意されていたので、囚われ人たちはコミューンのメンバーや、好奇心でやってきた囲いの住民たちが見守る中、食事をした。ヴェルサイユやテュイルリーの宮廷で、王の暮らしに規則正しいリズムをきざんでいた大膳の儀の雰囲気を思わせるものだった。贅をつくしたアパルトマンを見て歩いたのち、王は部屋のわりふりを始めた。夜一一時ちょうど、王太子が眠り込んでしまったときになって、トゥルゼル夫人は塔のほうへ案内されるのに驚き、ルイ一六世とマリー・アントワネットはもてあそばれたことに気づいた。

こうして八月一三日夜、これから先次々と、別離と死去が句読点をうつことになる、王一家をうちのめす悲劇が始まった。ルイ一六世は一七九三年一月二一日の死の時までこの塔に幽閉されたままになり、マリー・アントワネットは同年八月一日にここからコンシエルジュリに移される。王妃がいなくなったあと、マダム・エリザベートも一七九四年五月九日、革命裁判所に奪いとられる［五月一〇日処刑］。そうして二人の子どもだけが残されるが、ルイ一七世は一七九五年六月八日に結核で死亡、その姉マリー＝テレーズは、一七九五年一二月一九日にタンプル塔を出て、捕虜との身柄引き換えでオーストリアにひきわたされる。

## 長い苦難の始まり

ペティヨンとショーメットは大塔があまりにひどい状態であると考え、牢獄を外の世界から隔離するために命じられた工事が終わるまで、王一家を一時的に小塔のほうに住まわせることにした。一家は、マルタ騎士団の古文書保管人ジャック＝アルベール・ベルテルミーが小さな官舎にしつらえて暮らしていたアパルトマンに入居する。王室家具保管係の職員たちは、大急ぎでマットレスやシーツやリネン類を、新しい囚人たちのために持ち込んだ。全員のために十分な場所がなかったので、マリー・アントワネットは古文書保管人の事務所で、マダム・エリザベートは厨房で、ランバル公妃は控えの間で、そして侍従たちは部屋のかたすみでそれぞれ眠った。二階の小さな守衛室で、牢番のロシェとリスビーが歩哨に立った。きわめて残忍な髭面男ロシェは、サン＝キュロットのイメージそのもので有名で、一七八九年七月以降、パリの暴動すべてに刀を手に姿を現わしていた。すぐに、パイプの煙を顔に吹きかけるなど、王妃を侮辱して楽しみ、彼女が一階に降りる小さな階段に入るため、彼の前で頭を低くするのを見て大笑いした。「マリー・アントワネットはお高くとまっているが、俺がむりやり人間らしくしてやった。娘とマダム・エリザベートは、いやでもおれに最敬礼しているぜ。入口が低いから、通るのには俺の前でかがまずにはいられないんだ」

八月一四日になると、大塔の改修工事が始まる。高さが一〇メートルもある各部屋を住めるようにするには、仕切り壁と仮天井をたさなければならなかった。監視を強化するために、格子や鉄の扉、衛兵所も必要だった。数日しかたたないうちに、アルトワ伯の庭園は、堡塁におおわれた空き地に変わり、そこを国民軍の兵士たちが巡回した。工事は、バスティーユを解体した建築請負人のパロワが指揮をとったが、この人は革命派としての評判のほうが、建築家としての名声より上だった。マリー=テレーズがのちになって日記の中に、両親が散歩に出るたび、歩哨や労働者にののしられていたと書いている。

八月一八日に最後まで残っていた廷臣が逮捕されて、離れ離れになってから［ランバル公妃やトゥルゼル夫人らも、続いてフォルス監獄へつれ去られた」、五人の囚人たちは完全に孤立した。かつて王太子に仕えていたジャン＝バティスト・カン・アネ、通称クレリーはそれでも、パリ市長に新政府への忠誠の証を示すことができたので、タンプル塔で王に仕えることを許可された。毎日、コミューンメンバーのうち八人が任命されて、囚人たちを監視した。ラマルティーヌ［一七九〇～一八六九、詩人として有名だが、歴史家、政治家でもあった。引用は『Histoire des Girondins（ジロンド党史）』］は彼らを「コミューン評議会のかす、ほとんど全員が職人で、教育も寛大さも羞恥心もなく、自分より下に身を落とした王に対して、たまたまあたえられた自由裁量を傲慢な態度で楽しみ、涙を流させるたびに祖国を救ったと思い込んでいた」と述べている。この男たちは、王一家に対して情け容赦なかった。とはいえ彼らなりに、ほんとうの集団的激情にとらわれているようなパリの民衆たちに対しては、防護となっていた。一七九二年九月三日には「九月虐殺」とよばれる数日間の暴動が頂点に達し、暴徒はランバル公妃の首を掲げてタンプルの周囲をねり歩いた。フォルス牢獄に囚われていたランバル公妃は、八月一〇日以降王政主義を理由に逮捕された他の数百人の囚人たちとともに虐殺されたのだった。もう少しで王妃にむりやり友の血塗れの顔にキスをさせるところだったが、コミューンの議員が彼らを止めた。だが、あまりのことにマリー・アントワネットは気を失ってしまう。

監視され、さぐりを入れられ、不信の念をもって考えられていた王一家は、迅速に大塔のほうへ移される。王が九月二九日から三階に身をおく一方で、王妃と子どもたち、そしてマダム・エリザベートは一〇月二六日に四階をあたえられた。マリー・アントワネットのアパルトマンは簡素なしつらえだった。控えの間にはクルミ材のテーブルが一脚、寝椅子が一脚と数脚の椅子があって、朝は食堂に、夜は当直の委員の寝室となる。その隣の王妃の寝室は、緑色の花模様のついた青い壁紙で、暖炉があった。ベッド、長椅子、マホガニーの戸棚、ついたて、二脚のナイトテーブルと子どもたちのための簡易ベッド、もちろん燭台も九台、置き時計が二個、そのうち一個はブロンズ製で「運命の輪」の彫刻がある。エリザベートは隣の部屋で眠った。三番目の寝室は、ティゾンという日々の雑用のためにコミューンが選んだ夫婦にあてられた。

タンプル塔ではクレリーが語るように、囚人たちはすべて日常の行動が決まっていた。

「王は通常朝六時に起床。ご自分で髭を剃り、わたしが髪をととのえ、服を着せてさしあげる。（…）陛下は膝をついて五、六分祈られた後、九時まで読書をなさる。この間に、わたしは寝室をととのえ、朝食のためにテーブルを用意し、下へ降りて［小塔のときは王が三階、王妃らが二階］王妃のところへうかがう。王妃は市の関係者が入らないよう、わたしが行くまで扉を開けないようにしておられる。王子の身支度をし、王妃の髪をととのえてさしあげた後、マダム・ロワイヤルとマダム・エリザベートのお部屋でも同じことをする」

外の世界から断ち切られて暮らさなければならないこの塔の中には、沈黙があった。時に召使いが危険をものともせずに、給仕をしながら、あるいは着替えを手伝いながら、王たちの耳に進行中の戦争の近況などをささやくこともあった。王一家はそれから朝食を一緒にとり、その後子どもたちの教育に一時間をあてる。ルイ一六世が息子にとくに地理学を教えることで教育すれば、マリー・アントワネットは娘に歴史を教え、マダム・エリザベートは得意な数学を担当した。一一時、女性三人は針仕事、タピスリー刺繍あるいは編み物をして過ごし、正午ぴったりに朝用の服から着替えて、もし天気が許せば午後一時ちょうどに予定されている散歩の準備をする。

工事現場と化した修道会院長の邸宅の庭園の中を、防護壁や衛兵所建設にたずさわる労働者たちの視線の下、二人の子どもはしばらくの間、両親の注意深い眼差しに見守られながら、ボール遊びや輪遊びをすることができる。

二時にはクレリーの給仕で昼食、その後は日課になっている捜査がサンテールによっておこなわれるが、マリー・アントワネット は彼に声をかけるのを拒否していた。四時、ルイ一六世が短い昼寝をまどろむ間、王妃とその義妹はしばし読書をする。クレリーはマリー・アントワネットのためにデシュリエール夫人の小説やマルグリット・ド・ヴァロワ［マルグリット・ド・ナヴァールとも。一四九二〜一五四九］の物語集、当時流行していたイギリス人作家フランセス・バーニー［一七五二〜一八四〇］の『エヴリナ』『セシリア』、それから『千夜一夜物語』などを購入することを許されていた。あらためて子どもたちに書き方を教えた後、家族そろって朗読をしたり、ボードゲームやバックギャモン、トランプのピケットなどで遊んだりして、夜八時まで過ごす。子どもたちが大人たちより先に夕食を済ませると、母親がお祈りをさせて、寝かしつける。夜一〇時頃、一日は終わって、それぞれがコミューンの役員に監視されながら寝室に入る。

## 悲嘆にくれる母親

大塔に移ってすぐの一七九二年一〇月二七日、ここで初めてマリー・アントワネットは息子をとりあげられるという目に会う。当時の新聞発行人たちは、すでに息子を堕落させる悪い母親だと、彼女を非難していた。革命派の新聞「その日の寒暖計」は、王妃とその義理の妹を「あまりに淫乱で、ジャン゠サン゠ドニの娼婦たちも顔負けだ」などと書いている。「デュシェーヌ親父」をはじめとする出版物も次々に、国王夫妻に対して怒りをぶちまけるように、タンプル塔を、残酷で血に飢えた、人間とはいえない生き物が棲む動物園か豚小屋のように書いていた。以後、毎晩マリー・アントワネットは、父親の寝室で寝るようになった息子にさようならを言わなければならなかった。だが、子どもは一二月一一日、母のもとへ戻され、ルイ一六世は孤立した状態で裁判にのぞむことになる。

国民公会の議員たちが王のこれからの処遇について議論していた長い数週間、マリー・アントワネットはクレリーのおかげで夫と多少の伝言をかわすことだけはできたが、不安の中で過ごした。一七九三年一月二〇日、ついに王に下された判決を知る。知らせがあってすぐに、最後の面会をうながされる。王は運命を甘受する人の表情をたたえ、腕を広げて家族を迎えた。「父は自分の死ではなく、わたしたちの苦しみを思って泣きました」と娘が簡潔に述べている。ルイ一六世とマリー・アントワネットは、しばらくの間しっかりと抱き合って、最後の別れをした。互いに距離を置き、理解し合えなかった長い年月の後、この試練の月日が絆を強めたのだった。「一五分近く、一言の言葉も発せられなかった。涙でもなく、嗚咽（おえつ）でもなく、それは鋭い叫びで、塔の壁の外まで聞こえたにちがいない。王、王妃、王太子、マダム・エリザベート、マダム・ロワイヤル、みなが一度に声をあげたので、一つになって聞こえた。ついに涙が止まる。もう流す力がつきたからだった」と、王妃の告解を聞くためにきていて、この光景を目撃したエジワース・ド・フィルモン神父が語る。王は王妃と妹に裁判のことを手短に話し、低い声で子どもたちに何か助言をあたえ、彼らを祝福した。そして死刑台へ出発する前にもう一度会うことを約束した。しかしながら、勇気がくじけるのをおそれて、明日早朝は家族を自分に会わせないよう監視に頼み、一人で死に向かうのを選んだ。

翌一月二一日午前一〇時、ルイ一六世の首が切り落とされると、マリー・アントワネットは息子の前にひざまずき、彼を王とした。一月二二日になるとすぐ、今や「カペー未亡人」とよばれるようになった王妃は喪服を要求し、そのうちの何着かは、ヴェルサイユでの幸福だった日々、彼女のもっとも美しいドレスの数々を仕立てたローズ・ベルタンからもたらされた。冬の終わり、自分をフランス王国の摂政［国王が一四歳未満の未成年の場合、王母または王位継承順位一位の者が摂政として国政を代行］と考えながらも、陰気な塔の、凍てつくような二部屋に閉じ込められていたこの女性は、王政支持に「転向した」革命派の人物との接触に成功した。そのトゥーランとルピートルは、監視係としてタンプル塔へ頻繁にきていた。彼らは外部への、とくに亡命中のプロヴァンス伯宛ての手紙をとりもつようになり、王党派で協力をおしまなかったシュヴァリエ・ド・ジャルジェの助けをかりて、脱走の計画まで立てていた。だが、一七九三年三月初めには、コミューン側の疑いがましたため、あきらめなければならなかった。この失敗は王妃の最後の希望をうちくだいた。「美しい夢を見ました。それだけのことです」ひそかに塔の外に出すことができた短い手紙に、彼女はそう書いた。

四月一日からは、安全策が強化され、看守たちは囚人たちとの会話を禁じられた。王妃たちを描くためにタンプルをよく訪れていた人々の出入りも禁じられた。安全策は、牢獄の図面を描いて、脱獄をこっそり計画しそうな人々だけでなく、芸術家たちにも適用されたのだ。それまで、国民衛兵の番兵としてタンプルで勤務していた画家のアレクサンドル・クシャルスキなどは、喪に服している、痩せて、白髪になったマリー・アントワネットの肖像画を描くのに十分なスケッチをすることができ、その伝説的となった絵はその後多くの複製が制作された。塔の外では、三月一〇日の革命裁判所創設と五月三一日から六月二日にかけてのジロンド党の崩壊とともに、妄想（パラノイア）がまたしても頂点に達し、王一家の運命に同情的だった最後の穏健な議員たちは、逮捕されるか、さもなければ逃げ出さなければならなかった。同じ頃タンプル塔では、マリー・アントワネットはクレリーをもどしてくれるよう要求し、子どもたちが医師の診察を受けられるよう懇願した。寒さ、湿気、幽閉が彼らの健康に影響を及ぼしつつあった。とくに心配なのは、結核の初期症状が見られたことで、これが二年後に息子の命を奪うことになる。五月から六月にかけての間に胸膜炎にかかった王冠のない小さな王は、母と叔母に介抱されたが、完全に快復することはなかった。

またしても新たな試練がマリー・アントワネットを待っていた。七月三日、ルイ一七世は母親から取り上げられるが、その様子を娘のマリー＝テレーズが描写している。「母が、この子を奪うならその前にわたしを殺すしかありません、と言い、母の抵抗と彼らののののしりとおどし、そしてわたしたちみなの涙と防御の押し問答で、一時間たちました。最後には、彼らは弟とわたしを殺すと言って、母をおどしました。わたしたちを愛しているなら譲歩しろと」。こうして「カペーの息子」は、コミューンの議員で、だれからも乱暴で酒飲みだといわれている靴屋のシモンにゆだねられる。子どもの「面倒をみる」任務をおって、シモンは妻とともにタンプル塔に引っ越してきた。マリー・アントワネットは息子が、情け容赦ない、彼を小さなサン＝キュロットに変身させるのに熱心な男の手にゆだねられてしまったのを完璧にさとった。隔離された部屋にいて、彼女は毎日何時間も窓のそばで、もしやフリジア帽をかぶった息子のか細い姿が見られるのではと、人気のない庭園をうかがうのだった。

七月一三日のマラー暗殺は、革命勢力をエスカレートさせ、タンプル塔の「陰謀家たち」

に当局の注意を引く結果となった。八月一日の朝、新しい国民衛兵司令官アンリオが塔の守備態勢を視察にきた。同じ日、国民公会では、バレールが「広範で、迅速かつなにより強力な方策」を求めて、国防に関する激しく熱のこもった演説をおこなう。「同日にイギリス、オーストリア、ヴァンデ、タンプル、そしてブルボン家をうち倒さなければならない」。勢いに乗った議員たちが、マリー・アントワネットは革命裁判所の法廷に召喚されるべし、と宣言する。疑り深い捜査の数時間後、アンリオが、この上なく公式の任務を帯びて、タンプルにふたたびやってきた。王妃の運命が急変した。

午前一時一五分、マリー・アントワネットは起こされ、コミューンの検察官の請求によって、政治犯のための牢獄であるコンシエルジュリへ、ただちに移送されることを告げられる。彼女は着替えて、数枚の服の荷物をまとめる。義妹と娘に別れを告げたのち、一階へつれていかれた。塔から出るとき、王妃は扉の上部にぶつけて頭から血が出る。コミューンの役員の一人が痛くないかとたずねると、「今はこれ以上何ものもわたしを苦しめません」と答えたといわれている。また少し後、牢獄の門番が名前を言うようにと求めると、「わたしをご覧なさい」と冷たく言い放った、という。

マリー・アントワネットが塔を出たのを境に、さらに厳しい局面が始まり、一七九三年から一七九四年にかけての冬の間、マダム・エリザベートと二人の子どもは孤立と寒さと、さらには飢えにひどく苦しんだ。記録は、タンプル塔があたえつづけたすさまじい恐怖を明らかにしている。王妃の死刑執行の後でさえ、そして一七九四年五月一〇日には王妹も処刑されてしまうのだが、残された二人の子どもたちは、あいかわらず危険な謀反人とみなされていて、一部の革命勢力は彼らを断頭台に送ることも要求している。ロベスピエールが失墜し、恐怖政治が終わり、ルイ一七世が死亡し、マリー＝テレーズが解放された後、タンプル塔の牢獄は真の崇拝の対象となり、王党派にとっての巡礼地となった。

マリー・アントワネットの苦悩は、恐怖政治の横暴の縮図であり、その思いがフランス人の記憶につきまとっているため、革命の遺産との矛盾に満ちた関係がいまだに続いている。『マリー・アントワネット物語』のなかでこう述べているゴンクール兄弟［一八二二～九六、一八三〇～七〇］ほど、それをよく表現している者はいない。「功績と犯罪はその時代と舞台を超える。人類全体が時間と空間のなかで一体となって、利益を主張したり、それを失ったことを悲しんだりする。そして、一人の女性の死が、こうした普遍的な感情とこの連帯した正義、すなわち人間の良心を、悲嘆にくれさせることがある。ある国民の後悔は、多くの他の国民にとっても有益となり、ある日の卑劣は未来の教訓となるのだ」

ce 16 8bre a 4 h ½ du matin
mon dieu! ayez pitié de moi!
mes yeux n'ont plus de larmes
pour pleurer pour vous mes pauvres
enfants; adieu, adieu!
Marie Antoinette

# 第11章 コンシエルジュリ

アントワーヌ・ブーラン

一七九三年八月二日午前一時頃、マリー・アントワネットはタンプル塔からコンシエルジュリ牢獄へ移された。世論にはほとんど知られずに起こったこの出来事は、政治的である――コンシエルジュリは革命裁判所に召喚される可能性のある人物だけを収容していた――とともに個人的な意味を帯びている。王妃は義妹と子どもたちを永久に後に残して、完全な孤独の場所に赴き、死刑台につれていかれるまでそこを出ることはできなかった。

マリー・アントワネットの最後の七六日は、おもに公式の記録や目撃証人の話によって知られるところとなっているが、そのうちいくつかは王政復古の時代に書かれたものであり、そのため、兄と義姉の名誉を回復させようと腐心していたルイ一八世の好意をえたくて、それを語る本人に良い役割をあたえがちである。互いに矛盾することもしばしばであるさまざまに書かれたもののなかで、とくに王妃の小間使いの証言や管理人の妻の証言は、比較的正確にマリー・アントワネットの拘禁の状況の再現を可能にしているが、それでもすべての不可解な点を消し去るにはいたらない。

## 独房の王妃

最初の謎は、おそらく牢獄の管理人トゥーサン・リシャールの寝室で数時間過ごした後、王妃が拘禁された独房の場所をとりまくものだ。証言者たちは一致して、この部屋を「評議部（シャンブル・ド・コンセイユ）」と名づけ、以前アダム＝フィリップ・ド・キュスティーヌ将軍がいた所だといっているが、マリー・アントワネットが最初は裁判所記録保管所の近くの独房に入ったのか、それとも最後の日までいることになる独房のほうに直接入ったのかを明確にすることは結局不可能なのである。

王政復古の時代にすっかり改装されて、贖罪の礼拝堂となったこの部屋――今日コンシエルジュリ見学の順路に入っている――には、当時からあったものとしては煉瓦敷きの床しか残っていない。したがって、この場所が一八世紀末にはどんな風だったかを想像するのはむずかしい。二〇平方メートルほどの長方形で、簡単なついたてで二つに区切られ、「女の中庭」に面してそれぞれに一つずつある、格子がついた窓から明かりをとっていた。区切りの一方は二人の監視係、もう一方がマリー・アントワネットの居場所だ。木の枠が、壁にそって延びていて、そこにはほとんどボロボロの百合の花模様の壁紙が釘で止めてあった。

王妃にあてがわれたささやかな空間には、最小限の家具しか置けず、マットレスを二枚乗せた非常に低いフレームベッド［枠に皮帯などを張った粗末なベッド］、掛け布団一枚、長枕一個、引き出し付きのテーブル、椅子二脚、椅子型便器と洗面器があっただけだった。牢獄到着時に、保管所でいくつかの品物、そして金時計、ダイヤモンドの指輪二個、結婚指輪を没収されたが、マリー・アントワネットは王太子の肖像画と髪を入れたメダイヨン［ロケット］だけは手元に残した。来たときに着ていた喪服と喪服用の帽子以外の服の用意がなかったので、牢獄を担当していた警察管理官のジャン＝バティスト・ミショニがすぐに、タンプル塔の牢獄から、白い部屋着、下着、ハンカチーフ、フィシュ［三角形の肩掛けスカーフ］、長靴下、リボン、ナイトキャップを小間使いに貸りた簡単な箱に入れて運んできてくれる。

家族から完全に引き離された王妃は、身のまわりの世話をする人々や、あるいは監視の任務にある人々の存在を、まずまずの慰めとするしかなくなった。ときどきおしゃべりができたのは牢獄の管理人の妻マリー＝アンヌ・リシャール、若い小間使いロザリー・ラモリエールとラリヴィエール夫人で、その息子は鍵を保管する牢番として働いていたが、夫人は年がいっているという理由で、まもなくマリー・アレルと交代した。もっとずっと耐えがたかったのは、裁判所の憲兵隊に所属するジベールとデュフレネという下士官が二人——後日プリュドムとマルシュに代わった——常駐していることで、王妃の独房の左部分にいるのだが、彼らはそのうち時間の大半をしゃべったり、煙草を吸ったり、酒を飲んだり、カード遊びをして過ごすようになる。ルイ・フランソワ・ド・ビュスネ中尉も裁判の少し前にマリー・アントワネットのところに配置される。王妃とミショニの間には本物の暗黙の了解ができていて、彼は囚われの王妃を見たいというたんに物見高い人をつれてよく来ていたので、訪問の頻度が高い分、脱獄計画のチャンスもあった。

## 過酷な監禁生活

一日のうち欠かすことのできない時間である食事は、マリー＝アンヌ・リシャールとロザリー・ラモリエールが王妃に上質のものを食べてもらおうと心をくだいていたのはまちがいない。最初の食事は九時ごろで、ココアかコーヒーにライ麦パン。昼食は午後二時ごろ、夕食は夕方六時ごろで、ポタージュ、牛肉か、鶏肉あるいは鴨肉にパテ、野菜と果物が出され、ロザリー自身を信じるなら、王妃は多くの場合「かなりの食欲で」ペロリと平らげたという。ワインを飲まない王妃は、その代わり、とくに高く評価していたヴィル＝ダヴレーの水源の水を飲むことができたようだ。

安全上の規定で散歩、書き物、針仕事は禁じられたので、ほんの少し白粉とクリームを使う毎朝の身づくろい、そして読書とお祈りだけが、拘禁されている王妃にできることだった。好きな作品はジェームズ・クックの世界旅行日記やジャン＝ジャック・バルテルミの『若いアナカルシスのギリシア旅行』などだったようだが、照明が十分でないこと、――ろうそくは禁止だった――視力が徐々に落ちていたことを考えると、それほど楽しむことはできなかったのではないだろうか。ときには気晴らしに、壁紙から糸を抜き、磨いて光らせることもあった。しかし、まもなくマリー＝アンヌ・リシャールと交代することになるマリー＝ジャンヌ・ボー［管理人ボーの妻］によると「一日の大半は祈っておいででした」という。信仰はあったとしても、とくに見える形で信仰心を表したことなどなかった女性としては、そのことは意外な感じをあたえる。好んで言い伝えられているのは、窓の格子を通していくつかの破片の形で差入れられたというのだが、十字架の存在と『L'Office de la divine providence（神の摂理の祈り）』と題された祈祷書の存在は反対に、事実であることが確認されている。

拘禁の不幸によってより熱烈になった、この王妃の信仰の問題は、それ自体、歴史家が明らかにしようと骨を折ってきた第二の謎の光につつまれている。サン＝シュルピス神学校の元総長で、彼自身コンシエルジュリに拘禁されていたジャック＝アンドレ・エムリ神父から罪の赦しを受けた後、マリー・アントワネットは一〇月の初め、宣誓拒否聖職者でオータンの小さな神学校元校長のルイ・マニャン神父により、彼女の独房の中でおこなわれたミサで、二人の憲兵とともに聖体を拝領したという。神父は、マドレーヌ・フーシェという女性が、管理人の協力をえて、王妃のもとへ招き入れたことになっている。マルタン・ドロラン［一七八九～一八五二］が［一八一六年に］描いた絵が今もコンシエルジュリの贖罪礼拝堂の壁を飾っているが、この現実ばなれした光景を、王政復古の時代にマニャン神父はほんとうのことだと言い、それをマドレーヌ・フーシェも認めている。

目撃者たちが、七六日にわたった拘禁の間のマリー・アントワネットの精神状態について、なんらかの手がかりをあたえてくれる。たとえばロザリー・ラモリエールは、ほんとうに王妃は決して不満を口にせず、つねに非常に落ち着いていて、「優しい声」と「にこやかな眼差し」を失わず「夜も昼も」子どもたちのことを考えていた、といっている。おそらく、決して裁判にかけられるはずはないと考え、最後にはオーストリアに帰れるのではないか、という思いにはげまされていたのだろう。とはいえ、運動不足の上に、空気が悪く、暖炉があるにもかかわらず寒さと湿気に悩まされ、ひっきりなしの扉の音、看守や他の囚人たちの叫び声が聞こえる中で、健康状態は肉体的にも精神的にも深刻化した。発熱、不調、出血が頻繁にあったが、初期の子宮がんによるものだったのだろう。医師のジョゼフ・スーベルビーユが往診に来て、数種の薬を飲ませはしたが、マリー・アントワネットが診察のために、すぐ近くの司教区施療院［ホスピス・ド・エヴェッシェ、一八三〇年解体］に移されることはなかった。

## 王妃へのカーネーション

王一家がタンプル塔の牢獄へ拘禁されるや否や、彼らの不運は多くの王党派の心を動かし、いくつもの脱獄計画が立てられた。王妃がコンシエルジュリに拘禁されたとなれば、警察の管理官ミショニや管理人リシャールの協力をえて、多くの人物がその独房へ入りこんできたことはいうまでもない。その見返りの報酬については、存在を確認するのが困難なようではあるが。マリー・アントワネット自身も「とても大勢」が来ていたことを認めているようなので、美容師ラブレの妻、かつての従僕フランソワ・ユー、画家のアレクサンドル・クシャルスキを迎える機会――ただし決して一人だけのときではないが――もあっただろう。これだけの容易さは、王妃を解放しようと思っている男や女の熱意を刺激しないではいない。たとえばルネ・キャロリーヌ・ド・クレキー［一七〇四又は一七一四～一八〇三］というフランスの女性著述家は、管理人と警察の指導部に対し百万リーヴルを払ってジャンソン侯爵夫人を王妃の替え玉にしよう、という工作に言及している。しかしながら、アレクサンドル＝ドミニック・ゴンス・ド・ルージュヴィルが企んだ救出作戦にならぶものはない。その詳細な内容は警察の尋問調書からわかっているが、半世紀のちアレクサンドル・デュマに『赤い館の騎士』の構想をあたえることになる。聖ルイ騎士章［一六九三年ルイ一四世が創設。功績のあった軍人に授けられた。一八三〇年廃止］の受勲者で、一七九二年六月二〇日事件の際、王妃の護衛をした、この元士官はうまくミショニと知り合いになり、彼のマリー・アントワネット訪問に同行する許可をえることに成功する。八月二八日、二人は小間使いと憲兵たちが控える王妃の独房に入る。王妃と警察管理官のミショニが話しているのを利用して、ルージュヴィルはボタン穴に挿したカーネーションを指さし、それからそれをストーブの後ろに落とした。王妃がだれにも見られずにひろう。花にはメモが隠れていて、看守を買収するため大金を用意すると書かれていた。マリー・アントワネットは、念のため騎士のメモを破いてから、髪をまくのに使っていたピンと紙切れで、ルージュヴィルが次に来たときに渡せるよう、短い返事をしたためた。国立古文書館に今も保存されているこの紙片にあけた数一〇個の小さな穴でできたほとんど判読できない文字から、ある一九世紀の古文書学者が次のメッセージを読み解いた。「わたしは監視されています。だれにも話しません。あなたを信頼します。行きます」。憲兵の一人ジルベールを信頼しすぎていた王妃は、迂闊にも秘密を託してしまう。紙切れをつかんだ憲兵は、すぐにそれをマリー＝アンヌ・リシャールに渡し、彼女は次にミショニにあずける。シュヴァリエ・ド・ルージュヴィルとの共謀が明らかかと思われるこの警察管理官は、それを自分のポケットにしまった。ルージュヴィルのほうは、コンシエルジュリにもどって、憲兵たちと共謀して、王妃を独房から救出したが、憲兵の一人が最後にそれをさまたげてしまったのだ、と数カ月後になって主張した。だが、これが真実かどうか、公式の記録では確認されていない。

事件はたちまち明るみに出て、六日後、議員ジャン＝ピエール・アンドレ・アマールとその他三人の保安委員会のメンバーがやってきて尋問をおこなった。最初は否定したマリー・アントワネットもついにはこれを認める。ミショニは「三〇から四〇歳くらいの」男を王妃の独房に招き入れたことを認め、重要性はないと思ったと下手な言い訳をしつつ、ピンで穴を開けた紙をアマールに渡した。二人の憲兵、管理人、コンシエルジュリの部署を統率していた士官、管理人の妻、その他何人もの供述によって陰謀が実際にあったことが確認された。

そこで、保安委員会が報復措置を決めるのは避けられなかった。マリー・アントワネットが別の独房へ移されたということを確証するものは何もないが、以後毎日警察管理官たちの検査が入って、窓の格子が緩んでいないか、錠がしっかりしているか、定期的に調べられるようになったことは確かである。ミショニは逮捕され、ジルベールとデュフレネはその任務からはずされ、ロザリー・ラモリエールは牢獄からの外出を禁じられ、王妃の食料は以後、納入業者がとどけるようになり、「女の中庭」に面した独房の窓の下には昼も夜も歩哨が立つようになった。リシャールが妻とともに収監されたので、それまでラ・フォルス牢獄の管理人をしていたアントワーヌ・ボーがそれに代わった。ロザリー・ラモリエールによると、「最初に会ったときは冷たくてきびしそうに見えたけれど、実際は悪い人じゃない」ボーは、以後ただ一人独房の鍵を持つようになり、コンシエルジュリに自分の家族を受け入れてはならないという明確な禁止命令を受ける。

この謀略は記録に残っているが、第二の脱獄計画も忘れるわけにはいかない、それはパリのコミューンの警察部門で一〇月一二日に発覚し、四人の死刑囚を出した。それはおそらくバッツ男爵によって準備されたもので、国民公会に対して暴動を起こし、その騒ぎを利用して王妃を救出するというものだったようだ。シュヴァリエ・ド・ルージュヴィルはと、いえば、彼は［オーストリアへ］逃亡した。恐怖政治の後、亡命者被告人として逮捕され、その後釈放されるが、最終的に一八一四年［ナポレオンの時代］、反逆罪で銃殺刑に処されることになる。

## 「すべての母親に訴えます」

革命裁判所に召喚される人物を収容する牢獄に拘禁されていたにもかかわらず、マリー・アントワネットはそこに到着してから二か月たつまで起訴されなかった。ほんとうの政治的争点を欠いているにもかかわらず、「オーストリア女」に対する裁判と断罪が、パリのコミューンのもっとも先鋭なセクションからはたえず請求されていた。一〇月一二日夕方六時になって、コンシエルジュリの上に位置する裁判所の自由の法廷で事前の尋問を受けるため、初めて彼女は独房から出る。裁判所主任書記官の立会いのもと、判事マルシアル・エルマンと検察官アントワーヌ・フーキエ＝タンヴィルが、革命の最初からの役割について、拘禁中とカーネーション事件の際彼女が会ったと疑われる人物たちについて、王妃に質問し、王妃はそのとき差し出された穴のあいた紙片を、自分が渡したものであると認めた。王妃が自分で弁護人を選んでいないということで、裁判長は国選でクロード・フランソワ・ショヴォー＝ラガルドとギヨーム・アレクサンドル・トロンソン＝デュクドレーを選任したが、彼らには、起訴状の内容を知り、独房へ行って被告人と話し合うのに数時間の猶予しかなかった。

マリー・アントワネットの裁判がエルマン裁判長のもとで開廷されたのは、翌々日午前九時。かなりの人数の群衆が自由の法廷、裁判所ロビー、メルシエールの回廊、五月の中庭（クール・デュ・メ）を埋めつくしていた。王妃はコンシエルジュリに来た日に着ていた喪服に、喪のヴェールでおおった白い寒冷紗の縁なし帽という姿で出頭した。彼女が名前を名のったあと、次に陪審員が宣誓し、フーキエ＝タンヴィルの「フランス国民の疫病神かつ吸血鬼」に対する起訴状朗読で裁判が始まった。午後三時から五時にかけての休憩をはさんで一二時間ずつの審理がおこなわれた二日間の公判の間、四一人の証人尋問がおこなわれたが、そのなかには元パリ市長ジャン・シルヴァン・バイイ、元トゥーレーヌ地方総督シャルル・アンリ・デスタン提督、元戦争大臣ジャン＝フレデリック・ド・ラ・トゥール・デュ・

パンや数人のコンシエルジュリに関係した職員や兵士がいた。多くは実際の根拠がない非難で、さらには風評を述べるだけの者もいた。信用できると考えられる数少ない検察側の証言の一つがラ・トゥール・デュ・パンのもので、彼は王妃に軍隊の正確な状況を報告していたことを認めた。王妃は、主に一七八九年一〇月一日のヴェルサイユにおける祝宴［フランドルの連隊をねぎらうため、ヴェルサイユ宮殿の歌劇場で催された］、王弟たちとのつながり、さまざまな出費、ヴァレンヌ逃亡事件における役割、大臣たちとの関係、一七九二年八月一〇日［テュイルリー宮殿襲撃］のことをきかれた。糾弾の一つ一つに対し、つねに冷静さと簡潔さをもって答えようと努力し、法廷に召喚された証人のだれ一人としてまきぞえにしないように配慮しながら、マリー・アントワネットは非難される事実を多くの場合否定するという防御戦略をとった。被告人に不利な証拠資料はほとんどなく、革命の敵への加担の印と解釈されたのは、王妃がコンシエルジュリに移送された際に身につけていたイエスの聖心(みこころ)の絵くらいだった。しかしながら、二世紀以上がたった今、王妃がヨーロッパの宮廷とつねに文通を続け、オーストリア皇帝にフランス軍の作戦についての情報を伝えていたことは確かである。この裏切りの具体的な事実は革命裁判所の判事や陪審員には知られていなかったのだが。

マリー・アントワネットに好意的な歴史的文献は、とくに彼女が母親として受けなければならなかった告発を取り上げている。父王の死刑執行以後、王政支持者たちすべてからフランス国王とみなされるようになった幼い王太子――当時八歳だった――は共和制に敵対するすべての勢力の希望を集めていた。王政の継続という考え自体の品位を落とすために、パリのコミューンの検事代理ジャック＝ルネ・エベールは王太子による申し立てを報告するが、そこには母親との近親相姦があったことが打ち明けられていた。今日、少年が決して明確には母親を近親相姦で訴えていなかったことがわかっている。ある陪審員は、王妃が告発に答えるのではなく、激しい動揺をみせて言い返したと指摘する。「わたしがお答えしないのは、母親というものに対してのこのような嫌疑に応じること自体、自然に反することだからです。この場にいらっしゃるすべての母に訴えます」。そこに居合わせた人々は、何年も前からマリー・アントワネットの放蕩についてのにせの情報に慣れていたはずだったが、この瞬間彼女の味方に転向したようだった。

裁判長が審理の終結を宣言したのは、一〇月一五日深夜だった。検察官は起訴内容を要約し、それからトロンソン＝デュクドレーとショヴォー＝ラガルドが三時間以上にわたって弁護の陳述をおこなった。その後陪審員に向かってエルマンが四つの質問をした。「(1)外国列強やその他共和国の外敵との間に策動や内通があったことは明白か？　前述の策動や内通は、金銭の援助、フランス領土内への侵入を許し、外国軍の進攻を容易にするのを目的としていたか？　(2)マリー・アントワネット・ドートリッシュことルイ・カペー未亡人がこの策動に加担し、内通を続けていたと認められるか？　(3)共和国内に内戦を勃発させる目的の陰謀や共謀が存在したことは確実か？　(4)マリー・アントワネット・ドートリッシュ・ルイことカペー未亡人が この陰謀と共謀に加担していたと認められるか？」

マリー・アントワネットが隣接する部屋に控える間、審議のために退廷した陪審員たちは、一時間後に席にもどり、断固とした態度で彼らに出された質問に答えた。傍聴人たちに静粛をたもつよう要求した後、エルマンは被告人を入廷させ、陪審員の評決を読み上げた。そこでフーキエ＝タンヴィルが、発言権をえて死刑を求刑する。裁判長が意見はないかと王妃にたずねると、彼女は否定の印に首をふった。次に弁護人トロンソン＝デュクドレーが職務の終了を宣言する。

一〇月一六日午前四時頃、判事たちの意見を聞いたのち、エルマンが判決を言いわたした。「裁判所は陪審の全員一致によって、検察官の求刑通り、彼によって引用された法律に依拠し、当該マリー・アントワネット・ロレーヌ・ドートリッシュこと、ルイ・カペー未亡人に死刑を宣告する。三月一〇日法にのっとり、フランス領土内に所有するその財産は、共和国が没収し取得することを宣言する。検察官の請求により、当該判決が革命広場にて執行されること、また共和国全土に印刷され掲示されることを命ずる」。王妃が判決を聞いたときのおちついた様子について、何人もが証言している。

ただちに独房へつれもどされ──憲兵の一人は、王妃が記録保管庫の前に設えられた小部屋に入ったと主張しているが──それからマリー・アントワネットが死の用意をするのに、数時間しかあたえられていなかった。管理人ボーにペンとインクと紙を持ってきてもらい、彼女はマダム・エリザベートに宛てた最後の手紙を書いた。「妹よ、最後にあなたに宛てて手紙を書きます。わたしがたった今受けたのは、恥ずべき死への宣告ではありません。このような死が恥ずべきなのは犯罪人にとってだけで、わたしにはあなたのお兄様のところへ行けという宣告なのです。(…)わたしは、良心になんのとがめもないとき、人がそうであるように、おちついております。もう子どもたちのために何もしてあげられないのが、深い心残りです。ご存知のように、わたしはあの子たちだけのために生きていたのですから（…）。ふたりが、わたしがいつも彼らに伝えようとしていたことを思い出してくれますように（…）。わたしはカトリックの信仰の中に死んでいきます（…）。生きていた間に犯したかもしれないすべての過ちについて、神がお許しくださるよう真摯に祈っております（…）。わたしのすべての敵には、彼らがわたしにあたえた苦悩を許します（…）。さようなら、今からわたしは信仰の義務だけに専心いたします」。これはボーによってすぐにフーキエ＝タンヴィルのところへ持っていかれ、フーキエ＝タンヴィルは自分の書類のなかで保存したが、その後数人の議員の手に渡り、それから王政復古の時代にルイ一八世にゆだねられた。この感動的な「王妃の遺書」は、文体に威厳があり、書きそんじや震えや綴りのまちがいがないのは、このような悲劇的な状況にしては奇妙なのではと考えられ、筆跡鑑定人や歴史家の疑いをまねいた。だが、偽物であるとの説は、この手紙の最後のページに残されたいくつかの署名の中に、検察官のものがあったため否定された。死刑を宣告された王妃は、祈祷書にも数行を書きつけ、それは今日、シャロン＝アン

＝シャンパーニュの図書室に保存されている。「神よ、お憐れみください！　わたしの目にはもうあなたたちのために泣く涙もありません、わたしのかわいそうな子どもたち！　さようなら、さようなら！」

七時頃これを最後に部屋に入ったロザリー・ラモリエールは、マリー・アントワネットがベッドに横になり、顔を窓のほうへ向け、頭を片手の上において、さめざめと泣いているのを見た。ブイヨンをふた匙ほど飲み込んだところで、王妃はサン＝ランディーの司祭、フランソワ・ジラールの訪問を受けるが、革命に宣誓していたため、彼が任務を遂行するのを拒否する。八時頃、ロザリーの手助けで、王妃は白い部屋着――民衆に故国王を思い出させないよう、喪服より時宜にかなっていると判断されたようだ――黒いストッキング、モスリンの肩掛けスカーフ、白い寒冷紗の縁なし帽に着替えた。二度目の判決朗読のため、判事たちが現れたのは一〇時頃だった。塀のように並んだ憲兵の間を通って、牢獄の記録保管庫へ連れていかれたマリー・アントワネットはそこで死刑執行人シャルル＝アンリ・サンソンに渡される。サンソンは王妃の手を後ろで縛り、髪を切ってから、五月の中庭のほうへ歩かせた。そこには王妃を革命広場まで運ぶことになっている荷馬車が待っていた。いく組かの徒歩や騎馬の憲兵の小グループにつきそわれて、死刑囚となった王妃はコンシエルジュリを一一時頃出発した。そして一二時一五分、死刑が執行される。

王妃の死から二世紀以上、彼女が最後に暮らした場所である独房は、元の姿をほとんどとどめていない。一八一六年に贖罪の礼拝堂に改装されて、新古典主義の記念碑が置かれ、その黒い大理石のプレートには、ルイ一八世によって作られたラテン語の銘が彫られている。マリー・アントワネットは「この場所に敬虔な心と、勇気とあらゆる徳の永遠のしるしを残した」と。仕切り壁が、王妃の居る部分と憲兵が使う部分とに分けるために作られていたが、壁には牢獄の礼拝堂への通路を作るために穴があけられ、「女の庭」に面した窓は広げられ、ステンドグラスがはめられた。天井は交差ヴォールトに変わり、壁は銀の涙のようなまだらのある黒い大理石模様に塗装され、小さな祭壇がベッドの代わりに置かれ、絵が三点かかっている。結局煉瓦の床だけが残された。こうして、マリー・アントワネットの最後の滞在の物理的な痕跡は、殉教者となった王妃崇拝の犠牲となって、永遠に失われてしまった。

# 第*12*章　最後の住まい

エレーヌ・ベケ

王妃の死は、フランスにおいてはつねに王の死ほどの出来事ではなかった。王妃の遺体をめぐる絶対的な崇拝もなければ、なんらかの継続性を示す「王妃万歳！」「国王の場合の死に際しては、王権が永続するという意味で「国王崩御！　国王万歳！」が叫ばれる」の叫びもない。亡くなった王妃の亡骸は、ただ王家の墓所サン＝ドニの夫の家族のそばに運ばれるだけのことだ。一七九三年のマリー・アントワネットの場合はまったくそうではなかった。国民公会議員たちの目には、王についで王妃を処刑するだけではたりなかった、彼らの思い出も消す必要があった。したがってルイ一六世の遺体はサン＝ドニではなく、一番近くにあったマドレーヌ公共墓地に埋められ、サン＝ドニの王家の墓所のほうは、一七九三年八月一〇日、国民公会が解体を命じた。したがって死刑執行後のマリー・アントワネットには、どこにも入る墓がなく、夫と同様マドレーヌ墓地の生石灰の下に埋められた。それでも、パリのコミューンは王妃がルイ一六世の隣に埋葬されるという、ささやかな慰めをあたえた。数人の忠臣だけが君主たちの遺体の場所を知っていた。

## マドレーヌ墓地、ロマン主義の墓

国民公会は王妃の遺体が忘れ去られるよう、あらゆる手段を講じた。マドレーヌ教会の墓地の遺灰にまぜられた。この墓地は当時の革命広場、旧ルイ一五世広場、現在のコンコルド広場からもっとも近い。革命広場で処刑された死刑囚は皆、そこに埋葬されることになった。ルイ一六世が最初だったが、その後五〇〇人ほどの犠牲者がくわわり、そのなかには、ジロンド党員たちや王の親類のフィリップ・エガリテ［オルレアン家。一七四七～九三］もいる。墓地はついに満員になる。一七九三年夏には、その地区の住民から周囲に広がる死臭についての苦情が出たため、一七九四年二月二六日、県令で墓地の閉鎖が命じられた。以後、死刑囚はエランシ墓地に埋められる。マドレーヌの墓地のほうは、放置されていた後、国有財産［フランス革命期に亡命貴族と教会から没収した］として一七九七年にイサク・ジャコとかいう指物師に、遺体を掘り返さないよう、一〇年間は穴を掘らないという条件で、売却された。だが彼は借金まみれになったあげく、一八〇二年にはその土地をピエール＝ルイ・オリヴィエ・デクロゾーに譲らなければならなかった。

こうして、王妃の遺体は、少なくとも理論上は一〇年間閉鎖されていた墓地にとどまった。というのも、ここに入ることができた王党派はいたようなのだ。歴史家ルイ・アスティエは、すでに一七九三年二月一八日に墓堀人の案内で王の墓へ行ったというシャルトン夫人の証言を報告している。彼女は、唯一ではないが、少なくともそれを敢行した最初の人だった。まだ詣でるのに適切な時期になっていなかったからだ。自由に近づけない代わりに、この場所は王党派の人々の想像のなかに位置をしめた。ジャン゠ヨーゼフ・ルニョー゠ワラン［フランスの作家、一七七三〜一八四四］は、一八〇〇年に出版された『マドレーヌ墓地』という悲しい物語まで書いている。そこには王一家のタンプル塔への拘禁、脱出、それからルイ一七世の死が語られる。物語はマドレーヌ墓地から始まる。語り手はそこで、王一家の死を悼みに来ていたルイ一六世の最後の聴罪司祭エジワース・ド・フィルモン神父に出会う。

「おぼろげな月の光の中、ある教会（マドレーヌ教会）の外陣をめぐったが、静かな内壁にわれわれの足音がこだましました。一枚の扉が開いていたので、入り口のところから、広い墓地の中をのぞきこんだ。数本の若いポプラの木が体をうねらせながら墓地を横切っている。広大な湿った黒っぽい緑の絨毯が地表のすべてをおおっていた。不規則に盛り上がっているいくつもの塚のまわりに、イチイ、モミ、糸杉が、枝垂れ柳にまじって植えられて、葬送の小さな林をつくっている。五、六体の巨大な彫像が、ばらばらに置かれていて、泣いているようにも、この陰鬱な安住の地を夜通し見張っているようにも見える。風は低木の枝を揺らしながら旋回し、死者の嘆きの声に抑揚をつけているようだった」

ルニョー＝ワランの描写は想像から出ているので、たとえばマドレーヌ墓地は同じ名前の教会の門のところにはないのだが、廃墟やゴシックロマンスへの時代の趣味の特徴を示している。そしてどうやらこの描写が、出版の数カ月後におこなわれた本物の墓地の整備にヒントをあたえたようだ。

というのも、デクロゾーは考えがあって、この土地を手に入れたのだ。この人物は、最初マリヴォー侯爵の「料理長」として知られていたが、その後パリ高等法院の弁護士になったこの地域の名士だった。一七六九年以来、マドレーヌ墓地に隣接する家を所有していた彼はあきらかに、墓地でおこなわれる埋葬、とくに王と王妃の埋葬を注意深く見張っていた。ひとたび用地が自分の持ち物となると、デクロゾーはそれを庭園に改修し、君主の墓の上に芝生を張った塚を作り、糸杉と二本の枝垂れ柳で囲んだ。塚には黒い十字架を建てた。場所は閉鎖され、囲いの塀は再建されて、彼の私有地の庭園を通らなければ墓地へは行けなくなった。こうしてデクロゾーはルイ一六世とマリー・アントワネットの墓の守り人となったのだ。

以後、この場所は王党派や王一家に近かった人々にとって安全になった。一八〇三年、この地を訪れた最初の一人は、かつての王の子どもたちの養育係の娘ポーリーヌ・ド・トゥルゼルで、かつてのマリー・アントワネットの女官の一人、タラント公妃と一緒だった。こうした墓参りは、デクロゾーやその娘たちに案内されてする私的なもので、議員はほとんど来なかった。ブルボン家の思い出への忠誠の表明に対して警戒をおこたらなかった帝政だが、このように控えめだったため、デクロゾーが警察の関心を引くことはなかった。

## マリー・アントワネット最後の旅

ルイ一六世の弟、ルイ一八世はフランスへ帰還すると、フランス王朝の偉大さをふたたび主張し、王殺し（レジシッド）をつぐなおうと考えた。そこで家族の遺灰を集めて、王家の墓所サン＝

ドニを再整備させる。デクロゾーの庭園にある墓地の存在は知っていたが、兄と義妹の遺体を掘り起こさせる前に、自分の正統性を確保しようと考えた。そこで、首相のシャルル・アンリ・ダンブレーに調査を依頼した。調査は秘密でなかったとしても、目立たないようにおこなわれた。ジャーナリズムも、その結果にたった一度しか言及していない。

一八一四年五月二四日、ダンブレーは王の埋葬の証人として五人の聴き取り調査をした。マドレーヌ地区の助任司祭だったフランソワ・シルヴァン・ルナールは、国民公会の依頼でルイ一六世の墓前で死者のための祈りをおこなった二人の司祭のうちの一人である。地区の治安判事アントワーヌ・ラメニエールとその書記官ジャン・リシャール・エーヴ・ヴォードルモン、二人ともルイ一六世埋葬の調書を担当した。死刑執行後、王の遺体につきそった王党派のバイル男爵。そしてデクロゾーの娘婿ドニミク・エマヌエル・ダンジューは、義理の父と自分自身の証言をしたが、彼だけが王妃の遺体に言及する。王妃はルイ一六世の遺体を包んだような、最後の敬意を受ける権利をあたえられなかったので、証人の数が少なかったのだ。しかし、調査の結果はルイ一八世を満足させた。ルイ一六世とマリー・アントワネットが、デクロゾーによって示された場所にまちがいなく埋葬されたことが、確かになったのだ。それにもかかわらず、彼はただちに掘り起こすことはせずに、公衆に印象づけるのに適した、一八一五年一月二一日のルイ一六世の命日に一大行事を企画することにする。

そこで、ダンブレー首相が何人かの関係者とともにマドレーヌ墓地を訪れたのは、一八一五年一月一八日だった。そこにいた人物のなかに、首相の聴き取り調査を受けていない決定的な証人がいた。王と王妃を二人とも埋葬した墓掘り人ジョリである。おそらく埋めた場所をよく思い出せるからと、首相に王妃の遺体から探しはじめることを提案したのは明らかに彼だ。マリー・アントワネットの遺骸はなんなく見つかる。石灰の厚い層でそれとわかったのだ。衣服の断片が掘り出され、エロティカ＝マカーブル（ゾッとするような）の詳細が公式の報告書にていねいに書きとめられる。見つかった靴下どめは、すぐにルイ一八世にとどけるために別にされた。立会人たちの感情は、王妃の遺骸の保存状態が良いのを見たときピークに達し、とくに頭部はさまざまな思いを引き起こした。

立会人の一人エドメ・バルビエによれば、「このプリンセスの美しい顔を特徴づける際立った輪郭が、この部分の保存状態の良さのおかげで完全に認められた。それを見て、ポワ公「マリー・アントワネットにマダム・エティケットとあだ名されたノアイユ伯爵夫人の息子」はとりわけ激しい感情にとらわれたようにみえた。心ならずも彼を支配した思い出が、昔のことと、今目の前に悲しく見つめているおごそかな遺骸とを結びつけているのだ。『今も尊厳の跡をとどめるひいでた額が、この部分に髪をまとめることをフランスに流行させた。王座を飾ったこれだけの魅力の持ち主が、死刑台で命を落とさなければならなかったなんて！』」シャトーブリアンも一八一六年一月九日、貴族院でのスピーチでこの発見を伝えている。「マリー・アントワネットの骸骨を見ました。奇跡のように、彼女の上にアーチのようになった空間に守られて、無傷だったのです。頭だけは本来の場所にありませんが、その頭の輪郭を今もまだ認めることができ（神の摂理！）、そこには一人の女性の優雅さをもって、王妃の威厳が放たれていました」

この遺骸の発見があらゆる輝きをともなった王妃の思い出をよびおこしたため、立会人たちの目には王殺しの現実がよりいっそう残忍なものに思われた。マリー・アントワネットの遺骨はダンブレーによっていていねいに回収され、箱に納められてフランスの紋章で封印がされた。同様に遺骨の周辺の土と石灰は、それらが王妃の遺骨によって神聖化されているかのように、保存された。一月二〇日、首相ダンブレーが、王直属省の大臣ブラカ伯爵の立会いで、納棺をおこなう。遺骨は鉛の棺に移され、それがさらに、銀色のモワレの十字架がおおう、金具のついた木製の棺の中に置かれた。ここで初めて、マリー・アントワネットは、金メッキした銀のプレートに刻まれた墓碑銘をえる。「ここに権勢いと高きひいでたるマリー・アントワネット＝ジョゼフ＝ジャンヌ・ド・ロレーヌ、オーストリア皇女にして、権勢いと高きひいでたる君主、神の祝福によりフランスおよびナヴァール国王ルイ一六世の妃の遺体が眠る」

一月二一日、マドレーヌ墓地からサン＝ドニへの遺骨の移動の儀式がおこなわれる。アンリ四世以後で初めてのことだったが、盛大な王の葬列が一日中かけてパリを通り抜けた。行列は、王一家と宮廷を演出していた。葬送の山車は模造の大理石の巨大な石棺の形で、上に百合の花の模様の布におおわれたピラミッドのようなものがのっている。全体で一〇メートルほどの高さだ。行列はさまざまな連隊、国民軍、王直属部隊からの派遣隊で始まる。そのあとに続くのは、一三台の覆い付きの豪華な四輪馬車で、なかには現支配王家の家族と崩御した王の家族がいる。山車にもっとも近い馬車には、血縁の王族である、王弟殿下アルトワ伯とその二人の息子、ベリー公とアングレーム公が乗っている。国王直属部隊と王族たちの四輪馬車が行列の最後である。

葬列がサン＝ドニに到着すると、二つの棺は内陣に置かれた棺台に乗せられる。大修道院付属教会には、この儀式のために、以前からのバロックとその時代の趣味であるネオゴシックを調和させた装飾がほどこされていた。そのため内陣の入り口に作られた巨大なアーチは尖頭アーチだ。ファサードは完全に黒でおおわれ、同様に内部も側廊上部（トリフォリウム）まで黒でおおわれている。故王の紋章と、葬儀にちなんだモチーフ――棕櫚（しゅろ）の葉、糸杉、涙、翼のある髑髏（どくろ）――がこの大がかりな喪のおおいに銀色をそえている。棺台の上部には天蓋が設けられ、そこから吊るされた王冠が、死者が君主だったことを思い出させた。参列者は厳選され、公式儀礼にのっとって注意深く配置された。

この儀式において、王妃の地位は二次的である。ルイ一六世が、トロワ司教のブーローニュ猊下による説教の中心にいる。マリー・アントワネットはそこに一瞬だけしか現れない。「ルイには配偶者がいなかったでしょうか？　それは皇帝たちのとおとい娘でした。母親のマリア＝テレジアは喜んでわれわれにこの大切なあずかりものを託してくれました。勇気ある妻、そして母親であり、幸運な時期はフランスの誉れであり、悲しみの日々には夫の慰めでした。敵意より偉大で、中傷より偉大だった女性は、ルイとふたたび会うことになりますが、それは、夫の血が流れた死刑台に登るという、同じ試練をしのんでのことです」

単独で統治し、一人だけが殉教者でありうるような夫の陰に置かれ、彼女は副次的な地位にある。このような地位は、記念行事にはっきり現れている。彼女の命日、一〇月一六日は祝日にはならなかったし、追悼記念祭もかならず催されたわけではない。一八一六年から一八二四年まで、特別の王令によっておこなわれただけだ。そして一八二五年からは、金がかかる上に九月一六日というルイ一八世の命日に近すぎるこの記念行事は、最終的に放棄された。マリー・アントワネットの死を悼む気持ちは、王一家と王妃への愛情、さらには特別の敬愛の情をいだく人々の個人的なものとなった。

## サン＝ドニの最後の王妃

サン＝ドニのブルボン家の墓は非常に質素だった。木製の棺が地下墓所におろされ、そこにならんでいる鉄の架台の上にただ置かれるだけである。最後に崩御した王の遺骸は、最初のものに隣りあった、より小さな墓所に安置される。革命の怒りは、この墓も見逃さず、一七九二年八月にすべてが破壊された。それから帝政下、ナポレオンは自分自身が使うために墓所を改修しようとしたため、ブルボンの地下墓所は部分的に解体された。王位を回復するとすぐ、ルイ一八世は大修道院内の工事を命じ、墓を元通りの配置にもどさせた。一八一五年一月二一日の式典のあと、ルイ一六世とマリー・アントワネットの棺は、王家の地下墓所へおろされ、慣習にしたがって鉄の架台の上に安置された。小さな場所は最後の王としてルイ一七世の遺体を迎えるはずだった。しかしそれと確認できる遺体が見つからなかったので、一八一八年に、ルイ一八世の遺体がその場所に置かれることになる。

公衆が近づくことができない、この最後の住まいの簡素さは、大修道院付属教会（アバシアル）のなかに贖罪の礼拝堂、サン＝ルイ礼拝堂を作ることでおぎなわれるはずだった。計画は王朝を賛美するもので、ルイ一六世の姿に託した聖王ルイの栄光を描いた絵画とルネサンス期の祈祷像をまねた、祈る王と王妃の像を予定していた。エドメ・ゴールによるルイ一六世像は七月王政期［一八三〇～四八］に完成して、一八四一年から展示されたが、祈りをささげる王妃の像は、ピエール・プティトーの作品で、王政復古期［一八一四～三〇］に完成していた。王妃は宮廷服で、頭にマンティーラ［黒いレースまたは絹のかぶりもの］をかぶり、腕を胸の前で組み合わせた姿で表されている。大理石の台座には王妃が死の前にマダム・エリザベートに送った手紙の文章がきざまれている。王妃の寛容さを証するものと考えられている手紙である。

マリー・アントワネットは、一八一七年のルイーズ・ド・ロレーヌ［アンリ三世妃。一六〇一年に死去し、カプチン会の修道院に葬られていたが、このときサン＝ドニに改葬された］の遺灰の帰国を別にすれば、サン＝ドニに埋葬された最後の王妃だった。ルイ一八世の妃マリー＝ジョゼフィーヌ・ド・サヴォワは一八一〇年にイギリスで他界し、本人の最後の希望によって、サルデーニャ島のカリアリに埋葬されていた。それから、政治の変動は、ルイ＝フィリップとナポレオン三世が意向を表明していたにもかかわらず、サン＝ドニがふたたび墓所の役割を果たすのを許さなかった。ナポレオン三世は一八六〇年代に、自分の家族の地下墓所を、ブルボン家の墓所のすぐ隣に整備させる時間はあったのだが、今も空のままになっている。もっとあとになると、共和国はサン＝ドニを博物館のようなものと考えたので、その中心に、時代遅れの王政の遺物、ブルボン家の地下墓所の居場所はない。したがって今度は、破壊行為はないが、純粋で単純な遺棄があった。シャンボール伯［アンリ・ダルトワ、シャルル一〇世の孫、ブルボン家最後の王位継承候補］自身、ナポレオン三世の工事の際意見を求められて、祖先の地下墓所閉鎖を希望した。そこで壁でふさがれ、柵で閉じられ、その鍵は美術品管理部が所持するところとなる。ルイ一六世とマリー・アントワネットの彫像は、日付ははっきりしないが、おそらく第三共和政の初期に地下礼拝堂のなかにおろされた。こうして記念の建造物である墓所で、王朝を象徴していたものが、半世紀の間忘れ去られた。

しかしながら、第一次世界大戦に先立つ数年に、王党派たちが土地の聖職者の援助を得て、この古い建造物を王夫妻の記念の場所にしようと立ち上がる。一九一二年になってすぐの一月二一日、フェルディナンド神父が地下墓所を開かせ、だれもなかには入れないが、信奉者たちにそこへ聖水をまくことを許可した。二年後、サン・ドニ・フランス記念館が創設されたが、これは王政復古時代に行われたように、ルイ一六世とマリー・アントワネットのためのミサをふたたびあげてもらうことを目的とした団体である。記念館は一九二〇年には臨時に、そして一九二八年には恒久的に、毎年一月二一日に地下墓所で死者のためのミサをあげてもらう許可をえるにいたった。しかしながら、地下墓所は依然として公衆には解放されていなかったので、司祭のみがミサをおこなうためにそこに入った。それ以外のとき、訪問者はただ柵の前を通って、薄暗がりのなかにブルボン最後の棺をちらりと見るだけだ。

しかし、第二次大戦の後、ますます多くの人々がこの大聖堂に押し寄せるようになると、美術品管理部は、それまで都合よく忘れられていたこの地下墓所が、国家的記念建造物であるサン＝ドニの偉大さに、ある意味似つかわしくない、と考えた。いくつものプランが検討されたが、そのなかの一つは、少しでも彼らの墓に輝きをあたえるために、ブルボン家の遺骸を赤い大理石の棺に入れるというものだった。美術史家たちの批判を前に――とくにアンドレ・シャステルは、フランス王たちの葬儀のしきたりはまさにここで見ることができるのだから、と力説した――このとんでもないプランは断念され、より地味なプランに道をゆずったが、それも新しい地下墓所の整備を予定していた。

多くの波乱ののち、墓はヴァロワの旧ロトンド（円形の建物）［アンリ二世とカトリーヌ・ド・メデシスからのヴァロワ家の墓。一七一九解体。サン＝ドニ大聖堂へ移された］のなかに置かれ、一九七五年から公開された。マリー・アントワネットはそれ以後、名前を刻まれたシンプルな黒い大理石のプレートの下、夫、ルイ一八世、ベリー公、ブルボン公、ダンギャン公 そしてマダム・ヴィクトワール、マダム・アデライードのすぐそばで休息している。同じ時、プティトーの彫像がルイ一六世の像とならんで、内陣のそばの礼拝堂に展示された。こうして、マリー・アントワネットはカトリーヌ・ド・メディシス以来、墓のための彫像が存在するたった一人の王妃となった。彼女の墓を忘れ去ろうとしたことへの仕返しのように。

## 贖罪礼拝堂　追悼の場所

マリー・アントワネットとルイ一六世の遺灰がサン＝ドニへ移される日、アルトワ伯とその息子たち、アングレーム公とベリー公は処刑された君主たちの思い出に捧げられる贖罪礼拝堂に最初の石を置いた。ルイ一六世とマリー・アントワネットがたしかに王家の墓所に安置されたとはいえ、最初に埋葬された場所が荒地にもどってもいいということはない。王政復古の政府にとって王の受難の最後の中継地として、その場所は浄化され、神聖化されなければならない。記念建造物の建設は建築家ピエール・フォンテーヌに依頼され、フォンテーヌは潤沢な予算と自由な裁量をあたえられた。礼拝堂は一八二四年一月二一日に聖別され、二年後、完全に工事を終える。

古典主義とバロックの両方から影響を受けた建物は独創的だ。現在は消失したが、入り口の前に糸杉の並木道があった。入り口のファサードは飾り気がなく、礼拝堂そのものを覆い隠している。逆さになった砂時計の装飾がある正面両側の張り出し部と、マリー・アントワネットの娘、アングレーム公妃［マダム・ロワイヤルことマリー＝テレーズはアルトワ伯（シャルル一〇世）の息子アングレーム公と結婚］が選んだ正面の献辞だけがこの建物の目的を思い出させている。「国王ルイ一八世は、王ルイ一六世と王妃マリー・アントワネットの亡骸が二一年間眠っていたこの場所の記憶を永遠にとどめるために、この記念堂を建設した。亡骸は一八一五年一月二一日サン＝ドニの王室教会に安置される。シャルル一〇世治世第二年、西暦一八二六年に竣工」。それから中庭に出るには、拝廊を通って数段のぼる。中庭は道路より高くなっていて、低い小アーケードに囲まれて、道路からは入れない。このアーケードの手前の墓石は、一七九二年八月一〇日にテュイルリー宮殿を守って殉職したスイス兵を記念するものである。マドレーヌ墓地に埋葬されたこの兵士たちは、死を超えて君主の思い出を見守っている。

中庭はかつての墓地があった場所で、そこから掘り出された遺骨は教会の地下墓所に安置された。これは本来の意味で死者の土地である。時期ははっきりしないが、マリー・アントワネットの思い出に、そこには白いバラが植えられ、一九世紀末には「王妃のバラ」とよばれた。この死の影がただよう場所を明るくしているバラの繁みの後ろに、礼拝堂が建っている。ファサードは列柱をそなえた古代の神殿のそれだが、その背後の建物はギリシャ十字型の平面で構成され、ドームがある。丸天井からの採光で照らされた礼拝堂の内部も非常に禁欲的で、壁には装飾がなく、上の部分だけに入念な細工が施されている。ボールトは花のモチーフの格間、丸天井の下のペンデンティヴ［ドームの円形面から多角形面への下降部］には、律法の石板、キリストの受難、キリストの秘跡、三位一体など、宗教的寓意画がある。入り口の扉の上のタンパンの浮き彫りは、礼拝堂と墓所を結ぶ、君主たちの遺灰のサン＝ドニへの移動を表している。

二個の記念像が、それぞれ王と王妃のための小さな側祭室のなかに、向かい合わせに置かれている。マリー・アントワネットの像は、ジャン＝ピエール・コルトーの作品で、悲壮感があふれている。髪を乱した王妃は、白い百合の紋章がついたマントを着ているが、それは肩からずり落ちそうになり、王冠は地面にころがっている。ひざまずいて、「宗教」の寓意像にすがりつき、哀願するような目を向けている。このようなロマン派的な構図は、一般に「荘厳の聖母（マエスタ）」の平穏な姿と結びつけられるフランス王妃の像としては異例である。コルトーは、王妃の神の意志への絶対的な信頼を強調した。一八三五年にこの像が公開されると、同世代の人々は王妃の姿の新しい表現を評価した。たとえばブルボン正統王朝派（レジティミスト）のフレデリック・ドレは「全体として、この群像の概念と表現は完璧である。哀願する王妃もあいかわらず高貴で威厳がある。宗教は神の正義として動じることがない、十字架はここに思い出と調和としてある」と考えた。

贖罪礼拝堂は、なによりもまず、王朝のモニュメントであり、誹謗者たち、第一にフォンテーヌ、が主張するようなフランスの罪深さを思い出させ、王殺しに意味をあたえ、王朝を強化する目的しかないのではない。そこではフランスをその罪から救うための君主の犠牲をほめたたえるのだ。ドレがマリー・アントワネットの像に読みとったのはまさにこのようなことである。「マリー・アントワネットを受け入れる『宗教』の平穏で、落ち着いた神の特徴をみれば、この眼差しと、それが約束する未来のなかのほうに、フランスの王やそれにともなうすべての無意味な栄光のなかより、今や彼女にとってより多くの幸福があるのが理解できる。王妃も、もしこの犠牲が神にとって喜ばしいことなら、甘受するだけでなく喜びをもってこの犠牲をおこなっているようにみえる」

礼拝堂はまた、家族への敬愛の念のモニュメントでもある。ルイ一八世の悲しみからは、つねに政治的計算が排除できないとしても、アングレーム公妃は注意深くこの建物にかんするすべてを見守り、調度の費用の一部を負担し、完成を急がせた。彼女はそこをだれよりも早く訪問し、聖別の翌日の一八二四年一月一九日、地下礼拝堂のルイ一六世の墓の場所を示す黒い大理石の祭壇のかたわらで黙祷をささげた。その後もなんども、そして両親の命日には必ず、そこで祈った。この場所は公開されていたので、こうして頻繁に通ったのは王族にかぎらなかった。そのため、聖別の日など、大勢の人が予想されていたことがわかっているが、残りの王政復古の時代に大勢の来訪があったという痕跡はない。

ひとたび王政復古の政体が失墜すると、モニュメントが象徴するものも変化した。議会が一八三三年一月二一日の喪の行事を廃止する一方で、贖罪礼拝堂は正統王朝支持者たちが、王と王妃の喪に服するために集う場所となり、それが一九世紀中続いた。一月二一日のミサは大勢がやってきて、その忠実な支持者たちが礼拝堂の記録簿に登録したものは、亡命中の王家に送られた。それは社会的儀礼であるとともに、ご機嫌うかがいの方法でもあった。このような慣行は、ある部分、共和主義者たちの一部の、この建造物に対する激しい憎悪を説明する。実際、一八七一年にはパリ・コミューンが解体を決議する。王党派のジャック・リブマンは、礼拝堂の買取りに関心をよせるアメリカの企業家をよそおって、これを救うことに成功、そのおかげで解体が延期された。一八八三年、シャンボール公の死去と同じ年に、他の聖堂と兼務していた最後の司祭が死去し、代わりがいなかった。礼拝堂は刑の執行を待つような状態になり、解体の要望がふえた。だがそれにもかかわらず、一九一四年、歴史的建造物のリストに登録された。建物は救われたが、公衆への開放は長い間制限されたままだった。礼拝堂が定期的に人々を迎え入れて、この王家の記念碑がほんとうに知られるようになるのは、二〇〇〇年代を待たなければならない。

＊

王妃をめぐる思い出は、あまりに政治的だったので、変革の時代の運に左右されずにはいられなかった。マドレーヌ墓地の幻想・怪奇趣味（ゴシック）の後は、公式の喪の時期のサン＝ドニの厳粛さ。それから君主制支持党派の時代が来て、そのうちの、ブルボン正統王朝派は、長い間、複数の王朝が混在するモニュメントである王家墓所より、贖罪礼拝堂のほうを重視した。そして大戦後（アプレ・ゲール）になると、歴史家や学芸員だけでなく観光事業のおかげもあって、政治的思惑より文化遺産への敬意が優先するようになった。フランス最後の王妃の物語への、フランスの、そして外国の人々の決して裏切らない関心が、彼女の墓と彼女の思い出のために建てられたモニュメントを救うのに貢献したのだ。

# 参考文献

## 概説

ARIZZOLI-CLÉMENTEL, Pierre (éd.), *Vues et plans du Petit Trianon à Versailles*, Paris, Alain de Gourcuff, 1998.

ARIZZOLI-CLÉMENTEL, Pierre, et SALMON, Xavier (dir.), *Marie-Antoinette*, catalogue de l'exposition des Galeries nationales du Grand Palais, 15 mars-30 juin 2008, Paris, RMN, 2008.

CAMPAN, Jeanne Louise genet, dite Madame, *Mémoires sur la vie privée de Marie-Antoinette*, Paris, Librairie Baudouin frères, 1822, 3 vol.

DELALEX, Hélène, MARAL, Alexandre, et MILOVANOVIC, Nicolas, *Marie-Antoinette*, Paris,

Éditions du Chêne, 2013.

エレーヌ・ドラレクス、アレクサンドル・マラル、ニコラ・ミロヴァノヴィチ『マリー・アントワネット——華麗な遺産がかたる王妃の生涯』岩澤雅利訳（原書房、二〇一五年）

Hézecques, Félix d', comte de France, *Souvenirs d'un page de la cour de Louis XVI*, publiés par M. le comte d'Hézecques, Brionne, Gérard Montfort, 1983.

Lenotre, G., *La Captivité et la mort de Marie-Antoinette*, Paris, Perrin, coll. « Tempus », 2016 (première édition 1897).

Marie-Antoinette, *Correspondance (1770-1793)*, établie et présentée par Evelyne Lever, Paris, Tallandier, 2005.

## 第*1*章　ウイーンの子ども時代

Badinter, Élisabeth, *Le Pouvoir au féminin, Marie-Thérèse (1717-1780). L'impératrice-reine*, Paris, Flammarion, 2016.

Bled, Jean-Paul, *Marie-Thérèse d'Autriche*, Paris, Fayard, 2001 ; Perrin, coll. « Tempus »,

2012.

CASTELOT, André, *Marie-Antoinette*, Paris, Perrin, 1965.

HASLIP, Joan, *Marie Antoinette*, Londres, Weidenfeld & Nicolson, 1981.

IBY, Elfriede, « L'enfance d'une princesse à la cour de Vienne », dans *Marie-Antoinette*, catalogue de l'exposition des Galeries nationales du Grand Palais, 15 mars-30 juin 2008, Paris, RMN, 2008, pp. 26-31.

LEVER, Évelyne, *Marie-Antoinette*, Paris, Fayard, 1991.

## 第2章 ヴェルサイユ——王妃のアパルトマン

BAULEZ, Christian, « Sous le plafond de l'antichambre des Nobles de la reine », *Versalia*, n° 19, 2016, pp. 71-86.

BOMBELLES, Marc de, *Journal*, texte établi, présenté et annoté par Jean Grassion et Frans Durif, t. I, Genève, Droz, 1977; t. II, Genève, Droz, 1982.

*Correspondance secrète entre Marie-Thérèse et le comte de Mercy-Argenteau*, publiée par

Alfred d'Arneth et A. Geffroy, t. II, Paris, Firmin-Didot, 1874.
Croÿ, Emmanuel, duc de, *Journal inédit du duc de Croÿ, 1718-1784*, publié par le vicomte de Grouchy et Paul Cottin, t. III et IV, Paris, Flammarion, 1907.
Dillon, Lucie, marquise de La Tour du Pin Gouvernet, *Journal d'une femme de cinquante ans, 1775-1815*, t. I, Paris, Chapelot, 1913.
Oberkich, baronne d', *Mémoires de la baronne d'Oberkirch sur la cour de Louis XVI et la société française avant 1789*, édition présentée et annotée par Suzanne Burkard, Paris, Mercure de France, 1970.
Verlet, Pierre, *Versailles*, Paris, Fayard, 1961 ; seconde édition, Fayard, 1985.

### 第3章　ヴェルサイユ――内側の小部屋(キャビネ)、必死に求めたプライバシー

Baulez, Christian, « Le grand cabinet intérieur de Marie-Antoinette. Décor, mobilier et collections », dans *Les Laques du Japon. Collections de Marie-Antoinette*, catalogue de l'exposition du Musée national du château de Versailles, 2001-2002, Paris, RMN, 2001, pp. 29-41.

« Ce qu'on trouva dans les appartements de Marie-Antoinette, à Versailles, le 10 octobre 1789. Inventaire de Lignereux », dans *L'Intermédiaire*, n° 1186, vol. LVII, 10 juin 1908, pp. 880-884.

DELALEX, Hélène, *Un jour avec Marie-Antoinette*, Paris, Flammarion, 2015.

エレーヌ・ドラレクス『麗しのマリー・アントワネット　ヴェルサイユ宮殿での日々』ダコスタ吉村花子訳（グラフィック社、二〇一六年）

JACQUET, Nicolas B., *Versailles privé, Paris*, Parigramme/Château de Versailles, 2015.

JALLUT, Marguerite, « Château de Versailles. Cabinets intérieurs et petits appartements de Marie-Antoinette », dans *Gazette des Beaux-Arts*, t. 63, mai-juin 1964, pp. 289-354.

NOLHAC, Pierre de, *La Reine Marie-Antoinette*, Paris, Boussod, Valadon et Cie, 1890 ; Paris, Calmann-Lévy, 1924.

VIGÉE-LEBRUN, Louise Élisabeth, *Souvenirs*, Paris, Fournier, 18351837; Paris, Éditions des Femmes, 1984.

## 第4章　プティ・トリアノン

BENOÎT, Jérémie, *Le Petit Trianon, château de Marie-Antoinette*, Paris, Artlys/Château de Versailles, 2016.

*Correspondance secrète entre Marie-Thérèse et le comte de Mercy-Argenteau, avec les lettres de Marie-Thérèse et de Marie-Antoinette*, Paris, Firmin-Didot, 1874.

DA VINHA, Mathieu, *Dans la garde-robe de Marie-Antoinette*, Paris, RMN/Château de Versailles, 2018.

LA ROCHE, Sophie von, *Journal d'un voyage à travers la France, 1785*, Saint-Quentin-de-Baron, Les Éditions de l'Entre-deux-Mers, 2012.

*Marie-Antoinette, archiduchesse, dauphine et reine*, catalogue d'exposition, Versailles, 16 mai-2 novembre 1955, Paris, Musées nationaux, 1955.

NOLHAC, Pierre de, *Le Trianon de Marie-Antoinette*, Paris, Goupil et Cie, 1914.

—, *Trianon*, Paris, Louis Conard, 1927.

VIGÉE-LEBRUN, Louise Élisabeth, *Souvenirs, 1755-1842*, Paris, Honoré Champion, 2008.

WALTER, Gérard, *Actes du Tribunal révolutionnaire*, Paris, Mercure de France, 1968.
ZWEIG, Stefan, *Marie-Antoinette*, Paris, Grasset, 1960.
シュテファン・ツワイク『マリー・アントワネット』高橋禎二、秋山英夫改訳版（岩波文庫、一九八〇年）
シュテファン・ツヴァイク『マリー・アントワネット』中野京子訳（角川文庫、二〇〇七年）他

## 第5章　王妃の村里（アモー）

ARIZZOLI-CLÉMENTEL, Pierre (présentation et commentaires), *L'Album de Marie-Antoinette : vues et plans du Petit Trianon à Versailles*, Montreuil, Gourcuff Gradenigo, 2008.
CARS, Jean des, *Le Hameau de la reine, le monde rêvé de Marie-Antoinette*, Paris, Flammarion, 2018.
DELORME, Philippe, *Les Princes du malheur, le destin tragique des enfants de Louis XVI*

et *Marie-Antoinette*, Paris, Perrin, 2008.

HIGONNET, Patrice, *La Gloire et l'échafaud, vie et destin de l'architecte de Marie-Antoinette*, préface de Jean-Clément Martin, Paris, Vendémiaire, 2011.

NOLHAC, Pierre de, de l'Académie française, *Le Trianon de Marie-Antoinette*, Paris, Calmann-Lévy, 1924.

## 第6章　庭園のマリー・アントワネット

BARIDON, Michel, *Histoire des jardins de Versailles*, Arles, Actes Sud, 2003.

BOREAU DE ROINCÉ, Gabrielle, *Les Jardins de Versailles au XVIIIe siècle : usages et spatialité*, thèse pour le diplôme d'archiviste paléographe, Paris, École nationale des chartes, 2011.

CARROT, Richard, « The Hameau de Trianon : Mique, Rousseau and Marie-Antoinette », *Gazette des Beaux-Arts*, janvier 1989, pp. 19-28.

CAYEUX, Jean de, *Hubert Robert et les jardins*, Paris, Herscher, 1987.

*Les Jardins de Versailles et de Trianon, d'André Le Nôtre à Richard Mique*, catalogue de l'exposition tenue au Musée national des châteaux de Versailles et de Trianon du 15 juin au 27 septembre 1992, Paris, Réunion des musées nationaux, 1992.

Lablaude, Pierre-André, *Les Jardins de Versailles*, Milan, Scala, 1995.

Maës, Antoine, *La Laiterie de Marie-Antoinette à Rambouillet. Un temple pastoral pour le plaisir de la reine*, Montreuil, Gourcuff Gradenigo, 2016.

—, *La Chaumière aux coquillages de Rambouillet. La fabrique de l'illusion au XVIII^e siècle*, Montreuil, Gourcuff Gradenigo, 2018.

## 第7章　フォンテヌブロー離宮——逗留のための宮殿

Carlier, Yves, *Le Boudoir de Marie-Antoinette à Fontainebleau*, Paris, Somogy éditions d'art, 2006.

Cochet, Vincent, et Lebeurre, Alexia, *Refuge d'Orient, le boudoir turc de Fontainebleau de Marie-Antoinette à Joséphine*, Fontainebleau, Château de Fontainebleau/Éditions

Monelle Hayot, 2015.

DAGUENET, Patrick, *Les Séjours de Marie-Antoinette à Fontainebleau (1770-1786)*, Fontainebleau, Éditions AKFG, 2016.

DROGUET, Vincent, *Les Jardins du château de Fontainebleau*, photographies de Laurence Toussaint, Paris, Éditions Nicolas Chaudun, 2011.

HEBERT, Jean-François, SARMANT, Thierry, *Fontainebleau, mille ans d'histoire de France*, Paris, Tallandier, 2013.

SAMOYAULT, Jean-Pierre, *Guide du musée national du château de Fontainebleau*, Paris, RMN, 1991.

## 第8章　ヴァレンヌのベルリン型馬車

LOMBARÈS, Michel de, *Enquête sur l'échec de Varennes*, Paris, Perrin, 1988.

OZOUF, Mona, *Varennes, la mort de la royauté*, Paris, Gallimard, 2006.

PETITFILS, Jean-Christian, *Louis XVI*, Paris, Perrin, 2005; coll. « Tempus », 2010.

ジャン＝クリスチャン・プティフィス『ルイ十六世』小倉孝誠監修、玉田敦子、橋本順一、坂口哲啓、真部清孝訳（中央公論新社、二〇〇八年）

Tackett, Timothy, *Le roi s'enfuit. Varennes et l'origine de la Terreur*, Paris, La Découverte, 2004.

**第9章** テュイルリー宮とパリ――政治的王妃の表明（一七八九年一〇月六日―一七九二年八月一〇日）

Berly, Cécile, *Idées reçues sur Marie-Antoinette*, Paris, Le Cavalier bleu, 2015.

—, *Marie-Antoinette à Versailles*, Paris, RMN/Château de Versailles, 2016.

Boulant, Antoine, *Les Tuileries, palais de la Révolution (17891799)*, Nîmes, imprimerie Bené, 1989.

—, *Les Tuileries. Château des rois, palais des révolutions*, Paris, Tallandier, 2016.

Cobert, Harold, *L'Entrevue de Saint-Cloud*, Paris, Éditions Héloïse d'Ormesson, 2010.

Coty, Mathieu, *La Vie aux Tuileries pendant la Révolution (17891799)*, Paris, Tallandier,

1988.

Croÿ de Tourzel, Louise Élisabeth Joséphine de, *Mémoires de Madame la duchesse de Tourzel, gouvernante des Enfants de France, pendant les années 1789 à 1795*, Paris, Plon, Nourrit et Cie, 1883. Il en existe de nombreuses rééditions; la dernière est parue dans la collection « Le Temps retrouvé », Paris, Mercure de France, 2005 (1re édition dans cette collection en 1969).

Félix, Joël, *Louis XVI et Marie-Antoinette. Un couple politique*, Paris, Payot, 2006.

Forray-Carlier, Anne, « La famille royale aux Tuileries », dans *La Famille royale à Paris. De l'histoire à la légende*, Paris, Éditions Paris-Musées, 1993, pp. 17-51.

Imbert de Saint-Amand, Arthur Léon, *Marie-Antoinette aux Tuileries*, Paris, P. Lethielleux, 1913.

Ozouf, Mona, « Barnave et la reine », dans François Furet et Mona Ozouf, *Terminer la Révolution. Mounier et Barnave dans la Révolution française*, Grenoble, Presses universitaires de Grenoble, 1990, pp. 115-130.

ROUSSEL, Pierre Joseph Alexis, *Le Château des Tuileries, ou Récit de ce qui s'est passé dans l'intérieur de ce palais depuis sa construction jusqu'au 18 brumaire de l'an VIII. Avec des particularités sur la visite que le lord Bedford y a faite après le 10 août 1792*, Paris, Lerouge, 1802.

SETH, Catriona, *Marie-Antoinette. Anthologie et dictionnaire*, Paris, Robert Laffont, coll. « Bouquins », 2006, pp. 824-825.

THOMAS, Chantal, *La Reine scélérate. Marie-Antoinette dans les pamphlets*, Paris, Seuil, 1989.

### 第*10*章　最後から二番目の場所——タンプル塔のマリー・アントワネット

BERTIÈRE, Simone, *Marie-Antoinette, l'insoumise*, Paris, Librairie générale française, 2003.

CLÉRY, Jean-Baptiste, *Journal de Cléry*, Paris, Baudouin, 1825.

［ジャン＝バチスト・クレリー国王の従僕クレリーの日記『ルイ十六世幽囚記』ジャック・ブロス編吉田春美訳（福武書店、一九八九年）］

EDGEWORTH DE FIRMONT, Henri Essex, *Correspondance, récits, lettres inédites (1771-1806)*, Paris, Éditions du Cerf, 2013.

GOGUELAT, François de, *Mémoires de M. le baron de Goguelat, lieutenant-général, sur les événements relatifs au voyage de Louis XVI à Varennes, suivi d'un précis des tentatives qui ont été faites pour arracher la reine à la captivité du Temple*, Paris, Baudouin, 1823.

GONCOURT, Edmond et Jules, *Histoire de Marie-Antoinette*, édition établie et présentée par Robert Kopp, Paris, F. Bourin, 1990.

GORET, Charles, *Mon témoignage sur la détention de Louis XVI et de sa famille dans la tour du Temple*, Paris, F.-M. Maurice, 1825.

GUENIFFEY, Patrice, *La Politique de la Terreur, essai sur la violence révolutionnaire, 1789-1794*, Paris, Gallimard, 2003.

HÜE, François, *Souvenirs du baron Hüe*, Paris, Calmann-Lévy, 1903.

LAMARTINE, Alphonse de, *Histoire des Girondins*, Paris, Fume & Cie, W. Coquebert, 1857, 8 vol.

Lepitre, Jacques-François, *Quelques souvenirs, ou notes fidèles sur mon service au Temple, depuis le 8 décembre 1792 jusqu'au 26 mars 1793, et sur quelques faits relatifs au procès de la reine et à celui des membres de la Commune accusés de conspiration avec la famille royale*, Paris, Nicolle, Le Normant, 1814.

Madame Élisabeth, *Correspondance de Madame Élisabeth*, Paris, Plon, 1867.

Moelle, Claude Antoine François, *Six journées passées au Temple, et autres détails sur la famille royale*, Paris, Dentu, 1820.

Rœderer, Pierre-Louis, *Un été d'espoir et de sang. Chronique de cinquante jours, 20 juin-10 août 1792*, présentation et notes de Thierry Lentz, Paris, Perrin, 2018.

Vial, Charles-Éloi, *La Famille royale au Temple : le remords de la Révolution, 1792-1795*, Paris, Perrin, 2018.

## 第*11*章　コンシエルジュリ

Campardon, Émile, *Marie-Antoinette à la Conciergerie*, Paris, Jules Gay, 1863.

Macé de Lépinay, François, Charles, Jacques, *Marie-Antoinette, du Temple à la Conciergerie*, Paris, Tallandier/CNMHS, 1989.

Mazeau, Guillaume, ParseVal, Béatrice de, *La Conciergerie sous la Révolution*, Paris, Éditions du Patrimoine, 2019.

Waresquiel, Emmanuel de, *Juger la reine : 14, 15, 16 octobre 1793*, Paris, Tallandier, 2016.

エマニュエル・ド・ヴァレスキエル『マリー・アントワネットの最期の日々』土居佳代子訳（原書房、二〇一八年）

## 第***12***章　最後の住まい

Becquet, Hélène, *Marie-Thérèse de France. L'orpheline du Temple*, Paris, Perrin, 2012.

Fureix, Emmanuel, *La France des larmes. Deuils politiques à l'âge romantique (1814-1840)*, Paris, Champvallon, 2009.

Garric, Jean-Philippe, *La Chapelle expiatoire*, Paris, Éditions du Patrimoine, 2006.

Hastier, Louis, « La sépulture de Louis XVI et de Marie-Antoinette », dans *La Revue des Deux-Mondes*, septembre 1955, pp. 93-111.

Leniaud, Jean-Michel, *Saint-Denis de 1760 à nos jours*, Paris, Gallimard, 1996.

Vaquier, André, « Le cimetière de la Madeleine et le sieur Descloseaux », *Mémoires publiés par la fédération des sociétés historiques et archéologiques de Paris et de l'île de France*, année 1961, t. 12, pp. 97-134.

Waquet, Françoise, *Les Fêtes royales sous la Restauration, ou l'Ancien Régime retrouvé*, Genève, Droz, 1981.

# 執筆者一覧

**ジャン＝ポール・ブレド**（第1章）

ドイツとオーストリア＝ハンガリーのスペシャリストで、パリ第四大学ソルボンヌの名誉教授。『François-Joseph（フランツ・ヨーゼフ）』『Marie-Thérèse d'Autriche（マリア・テレジア）』『Bismarck（ビスマルク）』『Les Hommes d'Hitler（ヒトラーの部下たち）』はじめ多くの著書がある。

**イヴ・カルリエ**（第2章）

フォンテーヌブロー宮殿に二〇年勤務したのち、二〇一〇年からヴェルサイユ宮殿付きの文化財保存監督主任。一六世紀から一九世紀半ばまでのフランスの装飾芸術、室内装飾、とくに一七世紀パリの金銀細工、ジュー・ド・ポームの歴史、バスク地方の工芸に詳しい。

**エレーヌ・ドラレクス**（第3章）

ヴェルサイユ宮殿とトリアノン国立美術館の家具・美術品部門の学芸員。またパリ第四大学ソルボンヌで歴史講座を担当。『麗しのマリー・アントワネット――ヴェルサイユ宮殿での日々』『Le Carrousel du Roi-Soleil, Louis XIV（太陽王ルイ一四世の騎馬パレード）』など多くの歴史書、評伝がある。

**ジェレミー・ブノワ（第4章）**

ヴェルサイユ美術館主席名誉学芸員でアンピール（第一帝政時代）のスペシャリスト。数多くの展示会の開催および開催協力のほか、画家の評伝『Philippe-Auguste Hennequin（フィリップ＝オーギュスト・エヌカン）』や『Le Grand Trianon（グラン・トリアノン）』の著書もある。

**ジャン・デ・カール**（第5章）

ヨーロッパの大王朝とその代表者たちについての歴史家。邦訳のある『狂王ルートヴィヒ』『麗しの王妃エリザベト』や『Eugénie, la dernière impératrice（最後の皇后ウジェニー）』『La Saga des Romanov（ロマノフ物語）』『La Saga des Habsbourg（ハプスブルク物語）』『La Saga des Windsor（ウィンザー物語）』など数多くの著書で人気を博している。

**アレクサンドル・マラル**（第6章）

古文書学士、文学博士、ローマにあるフランス・アカデミーの研究員の経験もある。ヴェルサイユ宮殿主任学芸員で彫刻のコレクションを担当、研究センター長。著書に『Le Roi-Soleil et Dieu. Essai sur la religion de Louis XIV（太陽王と神、ルイ一四世の宗教について）』『Le Roi, la Cour et Versailles（王、宮廷、ヴェルサイユ）』『Femmes de Versailles（ヴェルサイユの女性）』『Les Derniers Jours de Versailles（ヴェルサイユ最期の日々）』など。

**パトリック・ダグネ**（第7章）

歴史家、歴史研究家でフォンテーヌブローのジャンヌ＝ダルク＝サン＝アスペ中学・高校教諭。リス、エタンプ、フォンテーヌブローの文化事業所長。『L'Aurore du Roi-Soleil : 1661（太陽王の曙）』『le grand séjour de Louis XIV à Fontainebleau（ルイ一四世のフォンテーヌブロー大滞在）』『Les Séjours de Marie-Antoinette à Fontainebleau (1770-1786)（マリー・アントワネットのフォンテーヌブロー滞在）』などフォンテーヌブローとその周辺地域についての著作がある。

**ジャン＝クリスティアン・プティフィス**（まえがき、第8章）

アンシャン・レジームにかんする権威ある研究で知られ、とくに『ルイ16世』、また監修も担当した共著『フランス史の謎』『世界史の謎』は広く読者をえた。新たにすぐれた歴史家とヴェルサイユの学芸員を集めた本書でも、正確な情報とたくみな叙述が一体となっている。

**セシル・ベルリ**（第9章）

歴史家。一八世紀のスペシャリストとして広く知られている。『Femmes de Louis XV（ルイ一五世の女性たち）』、『Lettres de Madame de Pompadour（ポンパドール夫人の手紙）』のほか、マリー・アントワネットについての著書多数。

**シャルル＝エロワ・ヴィアル**（第10章）

古文書学士、歴史学博士、フランス国立図書館学芸員。著書に『Derniers feux de la monarchie, La Cour au siècle des révolutions（王政の最後の輝き、革命時代の宮廷）』や、ナポレオン財団第一帝政賞を受賞した評伝『Marie-Louise（マリー・ルイーズ）』のほか『La Famille royale au Temple: le remords de la Révolution.（タンプル塔の王一家——革命の悔恨）』など。

**アントワーヌ・ブーラン**（第11章）

パリ＝ソルボンヌ大学で博士号。一八世紀、革命期、第一帝政期の政治史、制度史、戦史にかんする多くの研究論文がある。本書と同じペラン社からは『Le Tribunal révolutionnaire : punir les ennemis du peuple（革命裁判所——人民の敵を罰する）』

**エレーヌ・ベケ**（第12章）

古文書学士、パリ第一大学パンテオン＝ソルボンヌで歴史学教授資格および歴史学博士。共同編集でLa Dignité de roi（王の尊厳）と題された一九世紀王政についての論文集のほか、著書に二つの伝記『Marie-Thérèse de France. L'orpheline du Temple（フランス王女マリー＝テレーズ、タンプル塔の孤児）』および『Louis XVII. L'enfant roi（少年王ルイ一七世）』がある。

◆編者略歴◆
ジャン＝クリスティアン・プティフィス（Jean-Christian Petitfils）
アンシャン・レジームにかんする権威ある研究で知られ、とくに『ルイ16世』、また監修も担当した共著『フランス史の謎』『世界史の謎』は広く読者をえた。新たにすぐれた歴史家とヴェルサイユの学芸員を集めた本書でも、正確な情報とたくみな叙述が一体となっている。

◆訳者略歴◆
土居佳代子（どい・かよこ）
翻訳家。青山学院大学文学部卒。訳書に、レリス『ぼくは君たちを憎まないことにした』(ポプラ社)、ミニエ『氷結』(ハーパーコリンズ・ジャパン)、ギデール『地政学から読むイスラム・テロ』、ヴァレスキエル『マリー・アントワネットの最期の日々』、アタネほか『地図とデータで見る女性の世界ハンドブック』、レヴィ編『地図で見るフランスハンドブック――現代編』、ソルノン『ヴェルサイユ宮殿――39の伝説とその真実』、トゥラ＝ブレイス『イラストで見る世界の食材文化誌百科』(以上、原書房）などがある。

12の場所(ばしょ)からたどる
マリー・アントワネット
下

●

2020年12月5日　第1刷

編者………ジャン＝クリスティアン・プティフィス
訳者………土居佳代子(どいかよこ)
装幀………川島進デザイン室
本文組版・印刷………株式会社ディグ
カバー印刷………株式会社明光社
製本………小泉製本株式会社
発行者………成瀬雅人

発行所………株式会社原書房
〒160－0022　東京都新宿区新宿1－25－13
電話・代表　03(3354)0685
http://www.harashobo.co.jp
振替・00150－6－151594
ISBN978-4-562-05862-4